KB175738

임동석중국사상100

격언련벽

格言聯璧

金纓 撰 / 林東錫 譯註

　"상아, 물소 뿔, 진주, 옥. 진괴한 이런 물건들은 사람의 이목은 즐겁게 하지만 쓰임에는 적절하지 않다. 그런가 하면 금석이나 초목, 실, 삼베, 오곡, 육재는 쓰임에는 적절하나 이를 사용하면 닳아지고 취하면 고갈된다. 그렇다면 사람의 이목을 즐겁게 하면서 이를 사용하기에도 적절하며, 써도 닳지 아니하고 취하여도 고갈되지 않고, 똑똑한 자나 불초한 자라도 그를 통해 얻는 바가 각기 그 자신의 재능에 따라주고, 어진 사람이나 지혜로운 사람이나 그를 통해 보는 바가 각기 그 자신의 분수에 따라주되 무엇이든지 구하여 얻지 못할 것이 없는 것은 오직 책뿐이로다!"

《소동파전집》(34) 〈이씨산방장서기〉에서 구당(丘堂) 여원구(呂元九) 선생의 글씨

책머리에

나이가 들어감에 점차 격언이나 속담 등 삶의 지혜를 담은 짧은 글귀에 눈이 간다. 그래서 작업에 지쳐 잠시 쉬고자 할 때면 곁에 놓아둔 속담집이나 격언집을 펴 들고 편한 마음으로 눈가는 대로 훑어보곤 한다. 그리고는 마음에 드는 구절을 만날 때마다 "그래, 바로 내 얘기야. 이렇게 살아야 하는데 지난날 삶에서는 미처 깨닫지 못했었구나!"라고 감탄을 자아내기도 한다.

아련히 어린 시절 어머니께서 늘 입에 달고 나를 가르치셨던 "지는 것이 이기는 것"이라든지 "사람마다 벼슬하면 농부 될 자 뉘 있으며, 의원醫員마다 병 고치면 북망산이 왜생겼나?"라고 안 되는 일이 있음을 일러주던 시조 반 구절, 나아가 "고진감래란다. 힘든 일을 먼저 하여라" "남에게 허리를 굽히는 각도만큼 나중에 남에게 대접을 받는단다"라는 말이 새삼 가슴에 와 닿는다.

그리하여 무엇이든지 옳은 것은 옳고, 할 수 있는 것은 해낼 수 있다고 자신하던 젊은 시절에 비해 지금은 시비是非도, 호오好惡도, 현불초賢不肖도 능불능能不能도 그 경계선이 그리 뚜렷하지 않을 수도 있다고 인정하게 되었으며, 예전에는 먼 장래의 일이거나 남의 일이라 소극적으로 하찮게 여기던 인과응보因果應報니 화복상의禍福相依니 만복자작萬福自作이니 하는 말이 지금은 당연한 것이라 믿어지고 현실적일 수도 있다는 생각이 든다.

선한 일에는 선한 보답이 있고 악한 일에는 그에 맞는 재앙이 따르는 것이니 귀하게 되었다면 남을 위해 복을 지어야 하고 부유해진 만큼 덕을 쌓아야 마땅하다는 생각도 온전한 긍정으로 다가오고 있다.

나아가 이미 《명심보감》과 《석시현문》, 《유학경림》의 작업을 통해 그 내용이 구구절절 심폐心肺에 젖어들고, 《채근담》의 내용을 통해 염담恬澹이 무엇인지 어렴풋이 다가오고 있을 때에, 다시 이 《격언련벽》을 읽게 되었다. 참으로 조용히 초발심으로 돌아가고 싶은 생각이 솟구치기도 한다.

글자마다 맞는 말이요, 문장마다 옳은 생각이며, 문구는 신종모고晨鐘暮鼓처럼 경책警策이 되어 나를 채찍질하고, 결론은 금과옥조金科玉條처럼 나의 지려砥礪가 되어 오히려 내 삶에 때가 늦지 않았나 조바심을 일으키게 한다.

이에 나는 이 책을 읽고 곁에 두며 좋은 구절은 좌우명座右銘으로 삼아 내 자신을 수양하고 자녀에게 일러주며 책을 통해, 문장을 통해 널리 알렸으면 하는 생각에 번역과 역주를 서두르게 되었다. 물론 일부 문장은 그 높은 경지를 제대로 표현할 수 있을까 겁이 나기도 하였지만 읽는 자가 각기 자신의 처지와 환경에 따라 맞게 이해하고 적용할 수 있으리라 여긴다.

글이란 필자의 표현을 떠나면 독자로서는 개인적인 수많은 상황과 자신이 겪은 경험, 자신이 대비하고 있는 일에 따라 자신의 처지로 이해하여 소유하게 되는 것이다. 따라서 기록자가 지나가는 말처럼 흘려버린 것이 독자로서는 자신의 일이라 여겨 가슴에 새기며 감동을 받게 되는 경우를 흔히 보게 된다.

이에 미흡하나마 본 《격언련벽》을 풀이하여 각자의 최소한 양식이 되었으면 하는 바람을 가지며 간단히 머리말로 대신한다.

사포沙浦 임동석林東錫이 부곽재負郭齋에서 적음.

일러두기

1. 이 책은《격언련벽格言聯璧》과거 판본 3종(明善書局, 無量壽出版社, 南邦彩色
    印刷公司)을 일일이 대조하여 전체를 정리, 주석, 번역한 것이다.
2. 현재 출간된 백화어 역주본《신역격언련벽新譯格言聯璧》(馬自毅 譯註, 三民書局,
    2007 臺北, 제 2판)은 작업과 번역에 큰 도움이 되었다.
3. 해석문을 싣고 원문을 구조화하여, 대구對句로 넣음으로써 시각적으로
    대비가 되며 이로 인해 원의의 이해에 도움이 되도록 하였다.
4. 전체 628조條를 일련번호를 부여하여 검색에 용이하도록 하였고 괄호
    안에는 전체 10편을 구분하여 다시 편장 번호를 제시하였다.
5. 각 조마다 한글 제목을 제시하였으며 이는 전체를 압축한 것, 혹 첫
    머리를 인용한 것, 일부 어휘를 제시한 것 등이며, 이로써 쉽게 대의를
    검색할 수 있도록 한 것일 뿐이다.
6. 참고 및 관련 자료 난을 설정하여 〈신역본〉에 실려 있는 원주原注를
    앞에 싣고 그 책에 제시되지 않은《채근담菜根譚》,《명심보감明心寶鑑》,
    《석시현문昔時賢文》등과 기타 원전을 찾아 관련 조항이나 동일 구절을
    나열하여 연구와 대조에 도움이 되도록 하였다.
7. 해석문은 직역을 위주로 하되 일부 의미의 전달을 순통하게 하기 위하여
    의역한 것도 있다.
8. 해석과 원문을 그 심층 정도나 내용에 따라 문단을 구분한 것도 있다.
9. 각주는 인명, 지명, 서명, 어휘의 개념 등을 각 전적에서 찾아 설명하였
    으며, 한번 출현한 것은 다시 중복하여 실은 것도 있다.
10. 본 책의 역주 작업에 참고한 서적은 대략 다음과 같다.

❋ 참고문헌

1. 《格言聯璧》南邦彩色印刷公司 1955 臺北
2. 《格言聯璧》明善書局藏版 1967 臺北 臺灣國立中央圖書館 所藏本
3. 《格言聯璧》無量壽出版社 1972 臺中
4. 《格言聯璧》(新譯) 馬自毅(注譯) 三民書局 2007(二版) 臺北
5. 《中國傳統蒙學全書》李少林(主編) 中國書店 2007 北京
6. 《明心寶鑑》(初刊本) 東邦文化社印本 1977 서울
7. 《國學基本讀物》世一書局 1982 臺北
8. 《菜根譚》續修四庫全書(1133). 上海圖書館藏 明刻本影印. 上海古籍出版社.
   1995. 上海
9. 《菜根譚》(印本) 明, 洪應明(洪自誠)(著). 臺灣 廣文書局 民國 72(1983)
10. 《菜根譚》(印本) 明, 洪應明(洪自誠)(著). 臺灣 新文豐出版社 民國 82(1993)
11. 《增廣昔時賢文》(新刻官板大字集韻增廣) 桂羅 崇義堂, 林老店藏板. 清 順治
    元年(1644) 中國國家圖書館(北京分院) 所藏本
12. 《重訂增廣賢文》弘農氏, 清 同治 8年(1869) 中國國家圖書館(北京分院)
    所藏本
13. 《幼學瓊林》明 華一書局編輯委員會, 華一書局, 1988, 臺北
14. 《幼學瓊林》明 程登吉(原著), 鄒聖脉(增補), 胡遐之(點校) 岳麓書社,
    1989, 長沙
15. 《幼學故事瓊林》(上下) 明 程登吉 復旦大學出版社 上海
16. 《景德傳燈錄》北宋 道原 中州古籍出版社 2001, 鄭州
17. 《警世通言》(上下) 明, 馮夢龍(著) 嚴敦易(校注) 里仁書局 1991, 臺北
18. 《醒世恒言》(上下) 明, 馮夢龍(著) 顧學頡(校注) 里仁書局 1991, 臺北
19. 《古今小說》(上下) 明, 馮夢龍(著) 許政揚(校注) 里仁書局 1991, 臺北

20. 《治家格言》(治家修養格言十種) 清 朱柏廬 上海古籍出版社, 1991, 上海

21. 《家誡要言》(治家修養格言十種) 明 吳麟徵 上海古籍出版社, 1991, 上海

22. 《心相編》(治家修養格言十種) 宋 陳摶 上海古籍出版社, 1991, 上海

23. 《小兒語》(治家修養格言十種) 明 呂得勝 上海古籍出版社, 1991, 上海

24. 《女小兒語》(治家修養格言十種) 明 呂得勝 上海古籍出版社, 1991, 上海

25. 《續小兒語》(治家修養格言十種) 明 呂坤 上海古籍出版社, 1991, 上海

26. 《女兒經》(治家修養格言十種) 清 賀瑞麟 上海古籍出版社, 1991, 上海

27. 《弟子職》(治家修養格言十種) 周 管仲 上海古籍出版社, 1991, 上海

28. 《弟子規》(治家修養格言十種) 清 李毓秀 上海古籍出版社, 1991, 上海

29. 《中國古代名句辭典》上海辭書出版社 1986 上海

30. 《中國名言辭典》王延梯 山東大學出版社 1986 濟南

31. 《中國古代格言辭典》何長鳳 主編 貴州人民出版社 1985 貴陽

32. 《中國古代格言大全》(本集, 續集) 陳宜民(외) 重慶出版社 1989 重慶

33. 《漢語成語考釋詞典》劉法修 商務印書館 1989 北京

34. 《中國成語大辭典》向光忠(등) 吉林文史出版社 1995 長春

35. 《實用成語辭典》顏崑陽(主編) 故鄉出版社 1981 臺北

36. 《寓言故事》河洛圖書 1979 臺北

37. 《中外嘉言摘錄彙編》趙聚鈺 榮民印刷廠 1972 臺北

38. 《處世箴言》楊弘道 常春樹書坊 1977 臺北

39. 《分類古今詩話》許啓懋 三民書局 1973 臺北

40. 《分類古今聯話》許啓懋 國立編繹館 1979 臺北

41. 《唐宋名詩索引》孫公望 湖南人民出版社 1985 長沙

42. 《古典詩詞曲選析》萬雲駿 主編 廣西人民出版社 1983 南寧

43. 《諺語新編》王治 廣東人民出版社 1982 惠陽

44. 《俗語五千條》邱崇丙 陝西人民出版社 1983 西安

45. 《古今格言大全》北一出版社 1974 臺南

46. 《中國古名家言》伍非百 中國社會科學出版社 1983 北京

47. 《聯語集成》丁景雲 順風出版社 1971 臺北

48. 《實用對聯集成》徐志剛 正言出版社 1980 臺南

49. 《應用對聯大全》周大同 大孚書局 1982 臺北

50. 《對聯新語》陸家驥 臺灣商務印書館 1980 臺北

51. 《春聯二千副》張鶴(等) 常春樹書坊 1980 臺北

52. 《巧聯妙對》(上下) 鄭嘉善 星光出版社 1976 臺北

53. 《絶聯奇文》李隆 星光出版社 1978 臺北

54. 《古今名勝對聯選注》蕭望卿(外) 北京出版社 1983 北京

55. 《元人雜劇選注》中國學術名著叢刊會 成偉出版社 1973 臺北

56. 《唐宋傳奇小說》河洛圖書出版社 1976 臺北

57. 《七俠五義》清 石玉崑 臺灣文源書局 1977 臺北

58. 《名言警句歌訣》張大乾(編著) 重慶出版社, 1989, 重慶

※ 기타 工具書 및 諸子百家書, 〈十三經〉, 〈二十五史〉 등은 일일이 기재하지 않음.

해제

이 《격언련벽格言聯璧》은 청나라 때 산음山陰 사람 금영(金纓, 金蘭先生)이 편찬한 격언집이다. 모두 628조의 격언이 실려 있으며 일부는 자신이 직접 지은 것이며 일부는 이미 전해오던 속담이나 어록, 타인의 격언을 함께 실은 것으로 보인다.

금영은 〈원서原序〉에서 도광道光 병오(丙午, 1846)년 선대의 뜻을 받아 우선 《기희록幾希錄》이라는 책을 속간하여 그 작업을 마치고 선철先哲과 선현先賢의 어록을 두루 살피다가 많은 경세명언警世名言을 발견하고 그 때마다 이를 기록해 두어 시간이 지나면서 10가지 유형으로 나눌 정도로 많아졌고, 이를 묶어 《각각록覺覺錄》이라는 이름으로 편집하게 되었다는 것이다. 그러나 그 권질卷帙이 너무 많고 이를 출간할 자금도 여의치 않아 즉시 인쇄에 넘기지 못했으며 이에 따라 우선 그 책 안의 구절들을 정리하여 일부를 먼저 간행하면서 이름을 《격언련벽》으로 하였다는 것이다. 그리하여 동호인의 공인을 받고자 하였으며 《각각록》은 후일을 기다릴 수밖에 없었다는 것이다.

그리고 그 서문을 쓴 해는 함풍咸豐 원년 신해(辛亥, 1851) 중하(仲夏, 음력 5월)로 되어 있다.(부록 원서를 볼 것)

그 뒤 조양潮陽 사람 곽보정郭輔庭이 이 책을 중시하여 중각重刻함으로써 오늘에 이르기까지 널리 퍼진 것이다.(부록 맹삼孟森의 〈중각서〉를 볼 것.)

그런가 하면 '격언'의 사전적 의미는 "사람이 오랜 역사적 생활 체험에서 이루어진, 인생에 대한 교훈과 경계 따위를 간결하게 표현한 말이며, 혹 금언이라고도 한다"라고 되어 있다. 그리고 중국어 사전에는 "권유와 경계의 뜻을 함유하고 있는 말"(含有勸戒意義的話)이라 하고, 그 예로 "虛心使人進步, 驕傲使人落後"를 들고 있다.(《現代漢語辭典》) 그 외에 "사람됨의 법칙이 될 만한 말을 격언이라 하며 주로 행위를 갈고 닦기를 가리키는 말"(言之可以爲人法則者曰格言, 多指砥礪行爲之詞《中文大辭典》)이라 풀이하기도 한다.

이 격언과 유사한 계열의 말로는 箴言, 金言, 俗諺, 俗言, 鄙諺, 鄙言, 俚語, 俚諺 등이 있으나 이들의 개념은 약간씩 차이가 있다. 그 중 속담은 "어느 때 어디서 누가 한 말인지는 모르나 그것이 주위 사람들의 마음속에 깊이 감동을 얻고 널리 퍼져서 온 민족에게 쓰이어온 공통된 격언"이라 사전에는 풀이하고 있다. 그러나 이러한 설명으로 격언과 속담을 대비하는 것은 미흡한 점이 있다. 속담은 비유가 발달해 있고 민간 세속에서 형성된 것이라면 격언은 직설적이며 누군가가 만들어낸 말이다. 속담이 상황 설정이 내재하고 있다면 격언은 주로 경계警戒, 경고, 명령, 권유의 표현 방법이 주를 이루고 있다. 나아가 형식면에서도 격언은 격식을 갖춘 말이라는 의미도 내포하고 있다. 즉 문자나 어절, 어휘, 문구 등에 있어서 짝對을 이루고 있으며 의미상으로도 심천, 점층, 나열, 대비, 대조, 상반, 연환連環 등의 구도를 취하여 반어법과 평서법 등의 절묘한 조화를 이루고 있다.

한편 중국에서 '격언'이라는 어휘가 쓰이기 시작한 것은 삼국시대 채염蔡琰이 조비曹丕에게 올린 〈간세자비서諫世子丕書〉를 들고 있다. 즉 "蓋聞盤于游田, 書之所戒; 魯隱觀魚, 春秋譏之. 此周孔之格言, 二經之明義"《三國志》

魏志 蔡琰傳)라 한 것이 처음이며, 그에 앞서 《문선文選》 이선李善의 주에 인용된 《논어비고참論語比考讖》의 "格言·成法, 亦可以次序也"라 한 말이 있다. 그리고 《포박자抱朴子》 심거審擧에는 "父子風采, 溢于格言"이라는 말이 보이며, 《문선》 반악潘岳의 〈한거부閑居賦〉에는 "奉周任之格言"이라 하였고, 《송사宋史》 오개전吳玠傳에는 "玠善讀史, 凡往事可師者, 錄置座右. 積久, 墻牖皆格言也"라 하여 대체로 '격식을 갖춘 경계, 권고의 말'로써 가히 좌우명으로 삼을 수 있는 경구警句라는 뜻으로 사용되어 왔다.

다음으로 '연벽聯璧'이란 어휘는 원래는 쌍벽雙璧과 같은 뜻이었으며 주周 나라 때 위효관韋孝寬과 독고신獨孤信이라는 두 관리의 아름다운 덕행과 풍모를 함께 일컫던 말이었으나(《周書》 韋孝寬傳) 그 뒤 '두 개의 미옥美玉을 연결하여 그 가치나 아름다움을 더욱 높인 것'이라는 뜻, 혹은 '옥을 꿰어 연결함'이라는 의미로 확장된 것이다. 따라서 본 《격언련벽》은 '격언을 묶어 쌍벽처럼 대비시켜 모은 책'이라는 뜻으로 그 서명을 삼은 것이다.

이 책의 찬자 김영은 그 사적이 제대로 알려져 있지 않으며 다만 난릉선생蘭陵先生, 난생蘭生을 호로 삼았던 인물로 중국인명대사전 등에도 올라 있지 않다.

단지 그가 생존했던 19세기 전반기 가경(嘉慶: 1796~1820), 도광(道光: 1821~1850), 함풍(咸豐: 1851~1861) 연간은 이미 그 이전의 강희, 옹정, 건륭의 전성기를 넘어서서 청나라가 완전히 쇠퇴기로 추락하던 시기로써 서방 열강의 중국 침략이 노골화되어 영일寧日이 없던 때였다. 그가 서문을 쓴 함풍 원년 앞뒤만 봐도 아편전쟁으로 인해 굴욕의 불평등 조약인 '남경

조약'(1842), '아로호 사건'의 발발(1856), 영불 연합군의 침공으로 인한 '천진 조약'(1857), 연합군의 북경 점거로 인한 '북경조약'(1859), 그 와중에서 태평 천국의 건립(1853) 등 이루 헤아릴 수 없는 대사건이 줄을 이었으며 끝내 19세기 말에는 청일전쟁 등으로 인한 몰락의 나락으로 들어서게 되는 국면을 맞이하게 된 것이다.

이러한 때에 생존했던 금영은 중국 고유의 지혜와 교훈을 모아 세풍을 바로잡고 위정자의 폭정과 비리를 격언이라는 표현형식을 빌려 훈계하고 경고하고자 이 책을 찬술한 것이며 결국 지식인으로서 어쩔 수 없는 한계를 드러낼 수밖에 없었던 것이다.

그리하여 수년간 모았던 내용을 《각각록》이라는 이름으로 정리하였으나 방대한 양에 출판비를 조달할 수 없어 급한 대로 그 내용 일부를 발췌하여 이 책을 출간하면서 이름을 《격언련벽》으로 삼았던 것이다.

이에 내용을 '학문', '존양', '지궁持躬(부附 섭생)', '돈품敦品', '처사處事', '접물接物', '제가', '종정從政', '혜길惠吉', '패흉' 등 10가지로 분류하고 628개의 정련精練된 격언을 수록하였던 것이다.

물론 이 책은 명청대 쏟아졌던 각종 격언서나 잠언서, 이를테면 《명심 보감明心寶鑑》, 《석시현문昔時賢文》, 《채근담菜根譚》, 《유학경림幼學瓊林》 등과 맥을 같이 하고 있다. 그러나 다른 책이 몽학(계몽)이나 자신의 수양을 목적 으로 한 것에 비해 이 책은 다분히 사회적이며 경고와 권유의 의미를 담고 있다. 특히 종정, 접물, 처사 부분은 위정자나 지식인의 책무를 엄격하게 따져 묻는 한편, 일반 민초들의 고통을 대변하는 형식을 띠고 있어 매우 이채롭다 할 수 있다.

이 책이 세상에 나온 이래 민간에 널리 퍼져 많은 판본이 출현하였다. 그 중 경오庚午 연간에 출간된 조양潮陽 곽씨郭輔庭의 쌍백록재雙百鹿齋 간본이 비교적 완선完善한 것으로 알려져 있다. 이에 대만臺灣 삼민서국三民書局 마자의馬自毅의 주역본은 이를 근거로 한 것이다. 이 책에는 원래 청대 난릉당蘭陵堂 등 판본이 실려 있으며 특히 역주 다음에 〈원주原注〉 난을 마련하여 이를 모두 싣고 있다. 이 〈원주〉는 원래 청대 난릉당蘭陵堂 등의 판본에 실려 있던 것으로 오늘날 독후감에 해당하는 것이었다.

여기에는 진용문陳榕門, 여신오呂新吾, 모록문茅鹿門, 장양원張揚園, 유직재劉直齋, 장몽복張夢復, 주문공(朱文公, 朱熹), 허로재許魯齋, 진자겸陳子兼, 설문청공薛文淸公, 고충헌공高忠憲公, 진백사(陳白沙, 陳獻章), 유념대劉念臺, 풍사허馮沙墟, 진문충공陳文忠公, 주석번周石藩, 서서암徐曙菴, 윤화정尹和靖, 안광충顔光衷, 방각민공方恪敏公, 왕문성공王文成公, 원료범袁了凡, 반소백潘少白, 전정지田靜持, 정자(程子, 程顥, 程頤) 장자소張子所, 당형천唐荊川, 전지추錢志騶, 주백려朱柏廬, 호문정공(胡文定公, 胡安國) 소강절(邵康節, 邵雍), 추동곽秋東郭, 여동래(呂東萊, 呂祖謙), 방정학方正學, 양승암楊升庵, 장동초張同初, 장자소張子昭, 양충민공楊忠愍公, 백향산(白香山, 白居易), 탕잠암湯潛庵, 임퇴재林退齋, 육충헌공陸淸憲公, 왕엄주王弇州, 운포芸圃, 진성경陳成卿, 범문정공(范文正公, 范仲淹), 송양보宋讓父, 정렴鄭濂, 왕기봉汪起鳳, 고종헌공高宗憲公, 왕룡장汪龍莊, 채문근공蔡文勤公, 고정림(顧亭林, 顧炎武), 주승지朱勝之, 왕대거汪待擧, 진미공陳眉公, 웅면암熊勉庵, 위환계魏環溪, 포류선蒲留仙, 육문안공陸文安公, 위공간공魏恭簡公, 왕양명(王陽明, 王守仁), 두정태杜靜台, 왕윤창王允昌, 조응암曹凝庵, 양도연楊道淵, 양석재楊石齋 등 소명宋明 이학가理學家와 선철의 어록은 물론 일반인의 가훈과 시, 대련, 잠언, 심지어 《집고록集古錄》, 《담고록談古錄》, 《쾌서快書》, 《문중자文中子》,

《사변록思辨錄》,《주자어록朱子語錄》 등과 고대 경사자집經史子集의 고사나 역사기록, 당송시까지 동원하여 고문, 혹은 백화어로 그 감상이나 첨언을 싣고 있어 그 원주만 해도 하나의 수상집이나 어록서로써 손색이 없을 정도이다.

　필자 역시 이 〈원주〉를 모두 원문 그대로 싣고, 나아가 관련 구절이나 전고典故를 추가하여 더욱 상세하게 정리하였음을 밝힌다.

△學問類

古今來許多世家，無非積德。天地間第一人品，還是讀書。

紛紛勢利真如烟花過眼，孝友傳家業惟在詩書。

要好兒孫須從自己起，白璧讀書何止到青雲。格言書立品定成。

讀書即未成名，究竟人高品雅。修德不期獲報，自然夢穩心安。

為善最樂。

讀書便佳。

乎試思子孫之所以失者，不知義理一何再誤。是以往往懸達禽獸不遠，勿恥也。此守斃力諸君到此，何為莫徒學問文章檀一藝微長，便算讀書種子在。

我所求亦恕不過，子臣弟友盡五倫本分，共成名教中人。

廣州芹山書院 劉直孺云士 樓

《격언련벽》 근세판 南邦彩色印刷公司 1955 臺北

格言聯璧　學問類

◎學問類

◎古今來許多世家無非積德天地間第一人品還是讀書不傳

不然竟人高品雅俗德不期獲報自然夢寐心安

善最樂　讀書便佳

◎諸君到此何爲豈徒學問文章擅一藝微長便算讀書種子在我所求亦恕不過臣弟友盡倫本分共成名教中人

聰明用於正路愈聰明愈好而文學功名益成其美聰明用於邪路愈聰明愈謬而文學功名愈成其惡

◎心性見之事功心性方爲圓滿

何謂至行日庸行何謂大人日小心何以上達日下學何以遠到日近思

◎竭忠盡孝謂之人治國經邦謂之學安危定變謂之才經濟出自學問經濟方有本源

◎飄風不可以調宮商巧婦不可以主中饋文章之士不可以治國家◎經濟出自學問經濟方有本源

喪雖有禮而哀爲本士雖有學而行爲本◎祭雖有儀而誠爲本

◎舍事功更無學問求性道不外文章

◎以學問爲菑畲以文章爲花萼以事業爲結實以書史爲園林以歌詠爲鼓吹以義理爲膏粱以著述爲耕耘以記問爲居積以前言往行爲師友以忠信爲捍持以作善降祥爲受用以樂天知命爲

《격언련벽》 근세판 활자본. 上海 明善書局藏版(1932) 臺北인본

格言聯璧

△學問類

古今來許多世家，無非積德。天地間第一人品，還是讀書。

讀書即未成名，究竟人高品雅；脩德不期獲報，自然夢穩心安。

讀書便佳。

為善最樂。

諸君到此何為，豈徒學問文章，擅一藝微長，便算讀書種子。在我所求亦恕，不過子臣弟友，盡五倫本分，共成名教中人。

聰明用於正路，愈聰明愈好；而文學功名益成其美。聰明用於邪路，愈聰明愈謬；而文學功名適濟其奸。

祭雖有儀，而誠為本。喪雖有禮，而哀為本。士雖有學，而行為本。

飄風不可以調宮商；巧婦不可以主中饋；詞章之士，不

二一

《격언련벽》 활자본 1972. 無量壽出版社 臺中

차 례

◈ 책머리에
◈ 일러두기
◈ 해제

格言聯璧 上

一 학문류學問類

二 존양류 存養類

三 지궁류持躬類

(附)〈섭생攝生〉

四 돈품류敦品類

五 처사류處事類

格言聯壁 를

六 접물류接物類

七 제가류齊家類

八 종정류從政類

九 혜길류惠吉類

十 패흉류悖凶類

◉ 부록

一. 학문류 學問類

　'학문'이란 독서, 학습, 공부 등을 의미한다. 학學은 옛사람의 덕망을 배우는 것이며 문問은 모르는 것을 묻는 것이다. 그러나 지식의 이해를 뜻하는 것이 아니라 인격을 수양하고 대인이 되기 위한 준비로서의 과정이며, 평생 녹슬지 않도록 닦고 갈아야 할 거울과 같은 것이다. 주자는 《주자독서법朱子讀書法》(二) 착긴용력着緊用力에서 "학문은 물을 거꾸로 저어 가는 배와 같아 나아가지 않으면 뒤로 밀린다"(學如逆水而行, 不進則退)라 하였다.

　본 장에서는 학문을 통해 자신을 수양하고 인간으로서의 바른 삶을 영위함과 아울러 사회와 국가에 유용한 인물이 될 것을 강조한 격언을 찬술하거나 모은 것이다.

　총 46조이다.

〈伏生授經圖〉 王維(唐) 일본 오사카시립미술관 소장

001(1-1)
책 읽는 집안

예로부터 그 많은 세가世家들 중에 덕을 쌓지 않고
그렇게 된 집안은 없으며,

하늘과 땅 사이 인품이 제일이라는 사람은
어쨌건 책을 읽어 그렇게 된 것이니라.

古今來許多世家, 無非積德;
天地間第一人品, 還是讀書.

【古今來】'古往今來', '自古今來'와 같음. "예로부터 지금에 이르도록"의 뜻.
【世家】대대로 성공한 집안. 고관대작. 貴族이나 大家. 덕망과 학문이 널리
  칭송되는 집안. 문벌.《孟子》滕文公(下)에 "仲子, 齊之世家也. 兄戴, 蓋祿
  萬鍾. 以兄之祿爲不義之祿而不食也, 以兄之室爲不義之室而不居也, 辟兄
  離母, 處於於陵"이라 함.
【還是】'그래도 ~이다'의 백화어 표현법 構文.

참고 및 관련 자료

1.〈原注〉
○ 傳家久遠, 總不外讀書積德四字. 若紛紛勢利, 眞如烟花過眼, 須臾便滅.
○ 古聯云:『樹德承鴻業, 傳經裕燕貽.』
○ 又云:『樹德箕裘惟孝友, 傳家彝鼎在詩書.』
○ 又云:『天麻靜迓惟爲善, 祖澤長延在讀書.』

○ 又云: 『欲高門第須爲善, 要好兒孫必讀書.』
○ 又云: 『立品定須成白璧, 讀書何止到靑雲.』 皆格言也.

002(1-2)
독서와 인품

독서하는 동안은 아직 이름을 날리지 못하지만,
끝내 인품이 고아해질 것이며,

덕을 닦는 것은 보답을 바라는 것은 아니지만,
저절로 꿈자리 편안하고 마음은 안정되게 살 수 있을 것이다.

讀書卽未成名, 究竟人高品雅;
脩德不期獲報, 自然夢穩心安.

【未成名】독서하는 그 시기에는 아직 이름을 이룬 것은 아님.
【獲報】보답을 획득함.
【夢穩心安】세상의 변화에 초연하여 고통이나 근심이 없음을 말함.

참고 및 관련 자료

1. 〈原注〉
○ 不因果報方修德, 豈爲功名始讀書?

003(1-3)
책 읽는 즐거움

선행을 할 때가 가장 즐거우며,
책을 읽을 때가 곧 아름다운 모습이다.

爲善最樂, 讀書便佳.

【爲善最樂】 선행을 할 때가 가장 즐거움. 《後漢書》 東平憲王蒼傳의 구절임.
【讀書最佳】 책 읽는 것이 가장 아름다운 일임. 《十八史略》(三. 六) 등의
고사를 원용하여 말한 것.
【便】 '곧.' 강조법 문장에 쓰이며 백화어의 '就'와 같음.
【佳】 아름다움. 모습이나 상황, 행복감 등을 뜻함.

참고 및 관련 자료

1. 〈原注〉
○ 茅鹿門云:「人生在世, 多行救濟事, 則彼之感我, 中懷傾倒, 浸立肝脾, 何幸
而得人心如此哉? 此事之最樂而莫可加者也. 若徒求諸綺席之豐, 堂構之美,
潤屋潤身, 相去殆有天壤之別矣.」
○ 張揚園云:「人第見近世遊庠序者至於飢寒, 衣冠之子多有敗行, 遂以歸咎
讀書. 不知末世之習, 攻浮文以資進取, 未嘗知讀聖賢之書. 是以失意斯濫,
得意斯淫, 爲里俗所羞稱爾, 安可因噎而廢食乎? 試思子孫旣不讀書, 則不知
義理, 一傳再傳, 蚩蚩蠢蠢, 有親不知事, 有身不知修, 有子不知敎, 愚者安於
固陋, 黠者習爲巧詐. 循是以往, 雖違禽獸不遠, 勿恥也. 然則詩書之業, 可不
竭力世守哉!」

2.《後漢書》東平憲王蒼傳

"帝臨送歸宮, 悽然懷思, 乃遣使手詔國中傅曰:「辭別之後, 獨坐不樂, 因就車歸,
伏軾而吟, 瞻望永懷, 實勞我心, 誦及〈采菽〉, 以增歎息. 日者問東平王處家何
等最樂, 王言爲善最樂, 其言甚大, 副是要腹矣. 今送列侯印十九枚, 諸王子年
五歲已上能趨拜者, 皆令帶之.」"

3.《十八史略》(三)

"十一年, 東平王蒼來朝. 蒼自上卽位初, 爲驃騎將軍, 五年而歸國, 至是入朝.
上問:「處家何以爲樂?」蒼曰:「爲善最樂.」"

4.《十八史略》(三)

"權將呂蒙, 初不學, 權勸蒙讀書. 魯肅後與蒙論議, 大驚曰:「卿非復吳下阿蒙.」
蒙曰:「士別三日, 卽當刮目相待.」"

5.《十八史略》(六)

"(宋太祖)初上命宰相, 擇前代未有年號, 以改今元. 及是得蜀鑑, 乃有「乾德四年」
鑄字. 怪之召問, 學士竇儀曰:「昔僞蜀王衍有此號.」上歎曰:「宰相須用讀書人.」"

004(1-4)
독서의 씨앗

그대들은 이곳에 무엇 하러 왔는가?

한갓 학문 문장으로 한 가지 기능이 남보다 조금 뛰어나다는 장기를
얻는 것이 곧 독서의 씨앗이라 여기고 있는가?

내가 바라는 것은 서恕로써

아들, 신하, 아우, 친구로서 오륜五倫의 본분을 다하여 함께 명교名敎
중의 그러한 사람이 되고자 하는 것일 뿐이다.

諸君到此何爲?

豈徒學問文章, 擅一藝微長, 便算讀書種子?

在我所求亦恕,

不過子臣弟友, 盡五倫本分, 共成名敎中人.

【擅】갖춤. 소지함. 터득함.

【微長】약간 남보다 뛰어남. 혹은 미미한 성장.

【算】'~라고 여김. ~라고 간주함'의 뜻.

【恕】관대함. 남을 이해함. 남의 사정을 헤아려 줌.《論語》里仁篇 및 衛靈
公篇 등에 서에 대한 내용이 실려 있음.

【子臣弟友】각기 자신의 신분이나 본분에서 지키고 실행해야 할 덕목.

【五倫】三綱五倫. 참고란을 볼 것.《孟子》滕文公(上)에 五倫의 덕목이 실려
있음. 그 외 혹 '五常'으로써《尙書》泰誓(下) "今商王受, 狎侮五常"의 孔穎達
疏에 "五常卽五典, 謂父義·母慈·兄友·弟恭·子孝, 五者人之常行"이라 하였
으며, 혹 西漢 董仲舒는 〈賢良策〉에서 "夫仁義禮智信, 五常之道, 王者所當
修飭也"라 하였음.

【名敎】正名과 定分을 위주로 한 敎化와 교육의 덕목. 晉 袁宏의《後漢紀》
獻帝紀에는 "夫君臣父子, 名敎之本也"라 함.

참고 및 관련 자료

1. 〈原注〉

○ 廣州香山書院楹聯.

○ 劉直齋云:「士先器識而後文藝. 若夫少時無所持養, 不爲事親從兄之事, 不聞
禮義廉恥之說, 但爲無根浮僞之文, 驟登靑雲之路, 其不蔑棄君親·草菅人命者,
鮮也.」

2.《孟子》滕文公(上)

"人之有道也, 飽食煖衣, 逸居而無敎, 則近於禽獸. 聖人有憂之; 使契爲司徒,
敎以人倫: 父子有親, 君臣有義, 夫婦有別, 長幼有序, 朋友有信."

3.《論語》里仁篇

"子曰:「參乎! 吾道一以貫之」曾子曰:「唯」子出, 門人問曰:「何謂也?」曾子曰:
「夫子之道, 忠恕而已矣.」(程子 주) "以己及物, 仁也; 推己及物, 恕也, 違道不遠
是也"라 함.

4.《論語》衛靈公篇

"子貢問曰:「有一言而可以終身行之者乎?」子曰:「其'恕'乎! 己所不欲, 勿施
於人.」"

5.《新書》(賈誼) 道術

"以己度人謂之恕, 反恕謂荒."

005(1-5)
총명할수록

총명함을 바른 길에 사용한다면 총명할수록 좋고
그의 문학과 공명도 더욱 그 아름다움을 성취할 것이다.

총명함을 사악한 길에 사용한다면 총명할수록 오류를 범하며
그의 문학과 공명은 그 간악함을 더욱 조장하고 키우게 될 것이다.

聰明用於正路, 愈聰明愈好, 而文學功名益成其美;
聰明用於邪路, 愈聰明愈謬, 而文學功名適濟其奸.

【聰明】원래는 귀로 듣고 잘 알아차리는 똑똑함을 '聰'이라 하고, 눈으로 보아
민첩하게 깨닫는 것을 '明'이라 하였으나 이를 묶어 사리에 밝고 영민(靈敏)

함을 뜻하는 말로 쓰임.

【正路】바른 길. 《孟子》離婁(上)를 볼 것.

【適濟】사악함을 더욱 키워주고 조장함. 악행을 증가시킴.

1. 《尙書》堯典

"昔在帝堯, 聰明文思, 光宅天下"라 하였고, 孔穎達의 疏에 "言聰明者, 據人近驗, 則聽遠爲聰, 見微爲明. ……以耳目之聞見, 喩聖人之智慧, 兼知天下之事"라 함.

2. 《孟子》離婁(上)

"孟子曰:「自暴者, 不可與有言也; 自棄者, 不可與有爲也. 言非禮義, 謂之自暴也; 吾身不能居仁由義, 謂之自棄也. 仁, 人之安宅也; 義, 人之正路也. 曠安宅而弗居, 舍正路而不由, 哀哉!」"

006(1-6)
학문의 실행

전투에서 비록 진지가 있다 해도 용맹이 근본이요,
제사에서 비록 의전이 있다 해도 정성이 근본이요,
상례喪禮에서 비록 예가 있다 해도 애통함이 근본이요,
선비로서 학문이 있다 해도 실행이 근본이니라.

戰雖有陣, 而勇爲本;

祭雖有儀, 而誠爲本;

喪雖有禮, 而哀爲本;

士雖有學, 而行爲本.

【哀爲本】상례에 있어서는 형식보다는 애통함이 근본임.《論語》八佾篇을
볼 것.
【行爲本】실행하지 아니하면 口頭禪에 그침. 참고란을 볼 것.

참고 및 관련 자료

1.《論語》八佾篇
"子曰:「居上不寬, 爲禮不敬, 臨喪不哀, 吾何以觀之哉?」"라 하였고, 같은 곳에
"林放問禮之本. 子曰:「大哉問! 禮, 與其奢也, 寧儉; 喪, 與其易也, 寧戚.」"라 함.
2. 韓愈〈符讀書城南〉
"人不通古今, 馬牛而襟裾. 行身陷不義, 況望多名譽? 時秋積雨霽, 新凉入郊墟.
燈火稍可親, 簡編可卷舒."

007(1-7)
글만 아는 선비

돌개바람으로는 음률을 조절할 수 없고,
교묘한 부인은 집안일을 주관할 수 없으며,
문장만 아는 선비는 나라를 다스릴 수 없다.

飄風不可以調宮商,

巧婦不可以主中饋,

文章之士不可以治國家.

【宮商】고대 宮商角徵羽의 五音을 말함.

【中饋(중궤)】여인들이 부엌에서 하는 일. 《周易》家人卦를 볼 것.

【文章之士】단순히 문장에 대해서만 집착하며 그 분야만 아는 좁은 소견의
선비.

참고 및 관련 자료

1. 《周易》家人卦

"無攸遂, 在中饋. 貞吉"이라 하였고, 孔穎達의 疏에 "婦人之道, 其所職, 主在
於家中饋食供祭而已"라 함.

008(1-8)
경제와 심성

경제經濟는 학문에서 나오는 것이니
경제는 바야흐로 그 본원을 가지고 있다.

심성은 일의 성취에서 드러나는 것이니
심성은 바야흐로 원만하게 가져야 한다.

經濟出自學問, 經濟方有本源;

心性見之事功, 心性方爲圓滿.

【經濟】經世濟民의 줄인 말. 국가를 경영함.《晉書》殷浩傳에 "足下沉識
淹長, 思綜通練, 起而明之, 足以經濟"라 함.
【心性】마음과 천성을 수양함을 말함.

009(1-9)
성현의 문장

사업과 공적을 버려야 한다면
그런 속에는 진정한 학문이 없기 때문이요,

인성과 천도를 찾는 데는
성현의 문장 밖에 따로 그런 것이 있는 것이 아니다.

舍事功, 更無學問,

求性道, 不外文章.

【舍】'捨'와 같음. 버림. 버림받음. 제대로 성취하지 못하여 저급의 평가를
받음. 이는 학문의 뒷받침이 없는 것이기 때문임.
【性道】인성과 천도. 세상 만물의 바른 원리.
【文章】고전. 성현이 남겨준 전적.

010(1-10)
네 가지 요건

무엇을 일러 지극한 행동이라 하는가?
바로 떳떳한 행동이다.

무엇을 일러 대인이라 하는가?
바로 조심함을 말함이다.

어떻게 하면 위로 통달할 수 있는가?
바로 아래로 배우는 것이다.

어떻게 하면 멀리까지 퍼져나갈 수 있는가?
바로 가까이 생각함이다.

何謂至行? 曰庸行;
何謂大人? 曰小心.
何以上達? 曰下學;
何以遠到? 曰近思.

【至行】지극히 훌륭한 행동. 《晉書》朱沖傳에 "少有至行, 閑靜寡欲, 好學
而貧, 常以耕藝爲事"라 함.
【庸行】평상시대로의 떳떳한 행동. 《周易》乾卦에 "庸言之信, 庸行之謹"이라 함.
【大人】덕행과 지조가 큰 인물. 阮籍의 〈大人先生傳〉에 "夫大人者, 乃與造
物同體, 天下並生, 逍遙浮世, 與道俱成"이라 함.

【小心】 근신하고 삼가며 조심함을 뜻함.

【上達】 덕의와 통함. 목적하는 바가 仁義道德에 있음.《論語》憲問篇을 볼 것.

【下學】 아래의 비근한 人事로부터 배워나감.

【近思】 유추해서 문제에 접근함. 혹은 자신을 반성함. 또는 '가까이 자기 몸에 견주어 생각하다'의 뜻이다. 朱熹는 이 어휘에 깊은 의미를 부여하여 呂祖謙과 함께《近思錄》을 저술하기도 하였음.《論語》子張篇을 볼 것.

참고 및 관련 자료

1.《周易》乾卦

"夫大人者, 與天地合其德, 與日月合其明, 與四時合其序, 與鬼神合其吉凶."

2.《孟子》離婁(下)

"大人者, 不失其赤子之心者也."

3.《孟子》告子(上)

"從其大體爲大人, 從其小體爲小人."

4.《論語》憲問篇

"子曰:「君子上達, 小人下達.」"이라 하였고, 集註에 "君子循天理, 故日進乎高明; 小人徇人欲, 故日究乎汙下"라 함. 한편 邢昺의 疏에는 "言君子小人所曉達不同也. 本爲上, 謂德義也; 末爲下. 謂財利也. 言君子達於德義, 小人達於財利"라 함.

5.《論語》憲問篇

"子曰:「莫我知也夫!」子貢曰:「何爲其莫知子也?」子曰:「不怨天, 不尤人, 下學而上達. 知我者其天乎!」"라 하였고, 皇侃의《論語義疏》에 "下學, 學人事; 上達, 達天命. 我旣學人事, 人事有否有泰, 故不怨人; 上達天命, 天命有窮有通, 故不怨天也"라 함.

6.《論語》子張篇

"子夏曰:「博學而篤志, 切問而近思, 仁在其中矣.」"라 하였으며, 集註에 程子의 말을 빌어 "近思者以類而推"라 하였고, 蘇軾의 말을 빌어 "博學而志不篤, 則大而無成; 泛問遠思, 則勞而無功"이라 함.

011(1-11)
여섯 가지 덕목

충성과 효도를 다하는 것을 일러 사람이라 하고,
나라를 다스리고 국가를 경영하는 것을 일러 학문이라 하며,
위험을 안정시키고 변란을 진정시키는 것을 일러 재능이라 하고,
세상을 경영하여 경위를 밝히는 것을 일러 문文이라 하며,
품격이 깨끗하고 높은 것을 일러 도량이라 하고,
만물과 일체가 되는 것을 일러 인仁이라 한다.

竭忠盡孝, 謂之人;

治國經邦, 謂之學;

安危定變, 謂之才;

經天緯地, 謂之文;

霽月光風, 謂之度;

萬物一體, 謂之仁.

【經邦】 나라를 다스림.
【經天緯地】 세상을 다스림. 천치를 법도로 삼아 국가를 경영함.
【文】 덕행. 《國語》 周語(下)에 "夫敬, 文之恭也"라 하였고, 韋昭 주에 "文者,
德之總名也"라 함.
【霽月光風】 비 갠 뒤의 달과 아름다운 풍광. 여기서는 품격이 깨끗하고 격조가
높음을 말함.
【萬物一體】 "物我兩忘, 與世不爭"의 뜻. 세상 만물과 하나가 됨.

1. 《國語》周語(下)

"經之以天, 緯之以地, 經緯不爽, 文之象也."

012(1-12)
낙천지명

심술心術을 근본으로 삼고,
윤리를 정간楨幹으로 삼으며,
학문을 농토로 삼고,
문장을 꽃받침으로 삼으며,
사업을 결실로 삼고,
서사書史를 원림園林으로 삼으며,
노래를 고취鼓吹로 삼고,
의리를 고량膏粱으로 삼으며,
저술을 문수文繡로 삼고,
송독誦讀을 농사일로 삼아라.

옛 성현들의 언행을 스승과 친구로 삼고,
충신忠信과 독경篤敬을 잘 수양하여 소지하며,
선善을 베풀어 복을 받아 이를 잘 활용하고,
낙천지명樂天知命을 마지막 귀의할 곳으로 여겨라.

以心術爲本根,
以倫理爲楨幹,
以學問爲菑畬,
以文章爲花萼,
以事業爲結實,
以書史爲園林,
以歌詠爲鼓吹,
以義理爲膏粱,
以著述爲文繡,
以誦讀爲耕耘.
以記問爲居積.
以前言往行爲師友,
以忠信篤敬爲脩持,
以作善降祥爲受用,
以樂天知命爲依歸.

【心術】내심. 본질의 사상과 품덕.《管子》七法에 "實也, 誠也, 厚也. 度也, 恕也, 謂之心術"이라 함.
【楨幹】집을 지을 때 위치와 기초를 정하는 나무 말뚝. 여기서는 基礎를 말함.
【菑畬】치(菑)는 농지를 개간하여 처음 농사를 짓는 땅, 여(畬)는 원래 묵은 농지. 혹 농지의 잡초를 태워 없앰. 그러나 여기서는 모두 '좋은 농토로 삼다'의 뜻.
【花萼】꽃받침 부분. 사물의 밑바탕이라는 뜻.
【鼓吹】'흥을 돋우다'의 뜻.

【膏粱】기름진 곡식이나 음식.

【脩持】잘 닦고 가꾸어 소지함.

【受用】그 쓰임의 효용성을 받음. 본령의 도움을 받음.

【樂天知命】천도를 즐거워하고 천명을 알아차림.

【依歸】귀의와 같음. 기대고 의지하여 마지막 돌아갈 곳. 天道를 말함.

참고 및 관련 자료

1. 《周易》 繫辭(上)

"樂天知命, 故不憂."

2. 《申鑒》 雜言(下)

"君子樂天知命, 故不憂; 審物明辨, 故不惑; 定心致公, 故不懼."

013(1-13)
성인의 경지

한가한 평소에는 엄숙하게 함으로써 신독을 지키면서 마음의 움직임을 헤아려 미래를 예측하라.

위의威儀를 근엄謹嚴하게 세워 법령을 결정하되 대륜大倫을 돈독히 함으로써 도를 굳건히 하라.

온갖 행동을 갖추되 덕을 고려하여야 하며 선으로 나가고 허물을 고쳐 성인의 경지를 조성하라.

凜閒居以愼獨, 卜動念以知幾,
謹威儀以定命, 敦大倫以凝道,
備百行以考德, 遷善改過以作聖.

【凜】엄숙하고 냉정함. 장엄함. 늠름함.
【愼獨】홀로 있을 때 더욱 근신함.《大學》6장에 실려 있음.
【知幾】기미나 징조를 알아차림. 미래를 예측함.
【定命】법령을 제정하거나 명령을 결정함.
【大倫】인륜에게 있어서 가장 큰 倫常. 父子之間의 親孝와 君臣之間의 忠義.
【考德】그 덕을 이룸.
【遷善改過】改過遷善과 같음.

참고 및 관련 자료

1.〈原注〉
○ 劉忠介公人譜六條.
2.《大學》6장
"所謂誠其意者: 毋自欺也, 如惡惡臭, 如好好色, 此之謂自謙. 故君子必愼其
獨也! 小人閒居爲不善, 無所不至, 見君子而后厭然, 揜其不善, 而著其善. 人之
視己, 如見其肺肝然, 則何益矣? 此謂誠於中, 形於外. 故君子必愼其獨也."
3.《孟子》公孫丑(下)
"內則父子, 外則君臣, 人之大倫也."
4.《周易》益卦
"君子以見善則遷, 有過則改."

014(1-14)
본심과 본분

내 가슴속에 내 본심을 잘 거두어 간직하는 것,
이것이 성현이 첫째로 여겼던 학문이다.

내 현재 지위에서 내 본분을 다 하는 것,
이것이 성현이 첫째로 여겼던 공부이다.

收吾本心在腔子裡, 是聖賢第一等學問;
盡吾本分在素位中, 是聖賢第一等工夫.

【本心】 자신이 가지고 있는 천부의 성품. 천성. 天良.
【腔子】 빈 창자. 흉금과 같음. 가슴. 마음. 몸속. 《二程遺書》(7)에 "身欲樊
　籠外, 心要在腔子裏"라 함.
【素位】 지금 내가 하고 있는 일이나 지위. 《中庸》 14장을 볼 것.
【工夫】 '功夫'로도 쓰며 어떠한 일에 집중을 다하여 노력하거나 힘을 쏟음을
　말함. 宋代 이후 흔히 백화어에 주로 사용되었음.

> 참고 및 관련 자료

1. 《孟子》 告子(上)
"鄕爲身死而不受, 今爲宮室之美爲之; 鄕爲身死而不受, 今爲妻妾之奉爲之;
鄕爲身死而不受, 今爲所識窮乏者得我而爲之, 是亦不可以已乎? 此之謂失其
本心"이라 하였고, 朱熹 주에 "本心, 謂善惡之心"이라 함.

2. 《中庸》 14장

"君子素其位而行, 不願乎其外. 素富貴, 行乎富貴; 素貧賤, 行乎貧賤; 素夷狄,
行乎夷狄; 素患難, 行乎患難; 君子無入而不自得焉."

015(1-15)
만물의 이치

온갖 만물의 이치를 투명하게 이해한다면
그 한 마음도 갈수록 정밀해지고 갈수록 근엄해질 것이다.

그 한 마음에 이것이 응고하여 모여들면
온갖 만물의 이치가 더욱 통하게 되고 더욱 널리 흘러 퍼질 것이다.

萬理澄澈, 則一心愈精而愈謹;
一心凝聚, 則萬理愈通而愈流.

【澄澈】 맑고 투명함. 어떤 이치나 원리를 깨끗하게 이해함.
【愈~愈】 '~할수록 더욱 ~하다'의 백화어 표현 구문. '越~越'과 같음.
【凝聚】 응고되어 모여듦.

016(1-16)
우주 안의 일

우주 안의 일도 자기 자신 일로 여기고,
자신 안의 일도 우주 안의 일로 여겨라.

宇宙內事, 乃己分內事;
己分內事, 乃宇宙內事.

【宇宙】온 천하와 우주 전체는 커다란 집과 같아 '우주'라 표현한 것이며
이는 첩운연면어(疊韻連綿語)에서 유래되었음. 하나의 어휘로 굳어졌음.
흔히 공간개념을 '宇', 시간개념을 '宙'라 풀이하고 있음. 즉 시공이 있는 이
세상 만물의 신비함을 뜻함. 《淮南子》原道訓에 실려 있음.

> 참고 및 관련 자료

1. 《淮南子》原道訓
"橫四維而含陰陽, 紘宇宙而章三光"이라 하였고, 高誘 주에 "四方上下曰宇, 古往
今來曰宙. 以喩天地"라 함.

017(1-17)
천지와 이 몸

몸은 천지의 뒤에 머물러 있도록 하고,
마음은 천지의 앞에 있도록 하라.

몸은 만물의 가운데 있도록 하고,
마음은 만물의 위에 있도록 하라.

身在天地後, 心在天地前;
身在萬物中, 心在萬物上.

【天地後】천지를 앞세우고 자신은 뒤로 물러나 있음. 혹은 죽은 뒤의 평판을
생각함.
【天地前】천지의 변화 그 이전의 마음 상태를 생각해 봄.

참고 및 관련 자료

1. 앞의 두 구절은 邵雍 康節先生의 시이며, 뒤의 두 구절은 白沙 陳獻章의
시 구절로 "皆超然物表, 讀之作天際眞人想"이라는 구절이 첨가되어 있음.

018(1-18)
천지와 성현

천지에 퍼져 있는 만물의 흔적을 관찰하고,
성현이 극기하여 힘써 노력한 점을 배울지니라.

觀天地生物氣象, 學聖賢克己工夫.

【生物】세상에 널리 있는 모든 만물.
【氣象】모든 기의 흔적.
【克己】자신을 이겨 禮로 되돌아가는 수련. 수행. 《論語》顔淵篇에 자세히
실려 있음.
【工夫】'功夫'로도 쓰며 어떠한 일에 집중을 다하여 노력하거나 힘을 쏟음을
말함.

참고 및 관련 자료

1. 《論語》顔淵篇
"顔淵問仁. 子曰:「克己復禮爲仁. 一日克己復禮, 天下歸仁焉. 爲仁由己, 而由
人乎哉?」顔淵曰:「請問其目」子曰:「非禮勿視, 非禮勿聽, 非禮勿言, 非禮
勿動」顔淵曰:「回雖不敏, 請事斯語矣」"

019(1-19)
자강불식

일을 시작할 때는 자강불식自强不息하여야 하며,
일을 성취하였을 때는 지성무망至誠無妄하여야 한다.

下手處, 是自强不息;
成就處, 是至誠無妄.

【下手】일을 시작함. '着手'와 같음. 실천에 옮김.
【自强不息】스스로 강하게 결심을 하여 쉬지 않음.《周易》乾卦에 실려 있음.
【至誠無妄】온갖 정성을 다하며 마구 망령되게 함이 없음.

참고 및 관련 자료

1.〈原注〉
○ 陳榕門云:「自强不息, 卽誠之之功. 可見誠字乃澈上澈下道理·希聖希賢工夫」
2.《周易》乾卦
"天行健, 君子以自强不息."
3.《尙書》大禹謨
"至誠感神"이라 하였고, 孔安國 傳에 "誠, 和"라 함.
4.《戰國策》楚策(四)
"世有無妄之福, 又有無妄之禍."

020(1-20)
성현의 도

성현의 도로써 남을 가르치기는 쉬우나
성현의 도로써 자신을 다스리기는 어렵다.

성현의 도를 입으로 말하기는 쉬우나
성현의 도를 자신이 몸소 실천하기는 어렵다.

성현의 도로써 시작할 때 의기양양하기는 쉬우나
성현의 도를 끝까지 이어가 성취시키기는 어렵다.

以聖賢之道敎人易, 以聖賢之道治己難;
以聖賢之道出口易, 以聖賢之道躬行難;
以聖賢之道奮始易, 以聖賢之道克終難.

【躬行】 몸소 행동으로 실천함.
【奮始】 일을 시작할 때는 의욕과 분기가 넘쳐 대단함.
【克終】 그 끝을 잘 마무리함. 끝까지 견뎌 일을 성취시킴.

참고 및 관련 자료

1. 〈原注〉
○ 陳榕門云:「以聖賢敎人, 似易實難. 莫若先以聖賢治己, 人將慕而化之.
卽不然, 而己不失爲聖賢路上人, 所得多矣. 下二段尤關喫緊, 言行不符, 是爲
假聖賢; 始終不一, 又成了兩截人. 必要一直認眞到底, 方得.」

021(1-21)
왕도정치

성현의 학문은 한 묶음으로써
왕도 정치를 실행함에 반드시 천덕_{天德}을 근본으로 하였다.

후세의 학문은 두 갈래로 나뉘어
자신을 수양하지 않으면서 단지 남을 다스리는 데에만 치우쳤다.

聖賢學問是一套, 行王道必本天德;
後世學問是兩截, 不脩己只管治人.

【一套】한 묶음. 한 세트.
【王道】霸道에 상대되는 정치 유형. 인의도덕을 기본으로 하는 덕치. 孟子가
주장하였음.
【兩截】둘로 잘라 二分化함.

참고 및 관련 자료

1. 〈原注〉
○ 陳榕門云:「一言學問, 合下便當脩己. 不脩己而治人, 眞謂之未嘗學問.」

022(1-22)
뿌리가 있는 학문

입으로는 이윤伊尹과 주공周公을 달달 외우면서
마음속에는 도척盜蹠이 들어앉아 있어,
남은 책망하면서 자신은 책하지 않는 것,
이를 일러 '방榜에 걸어둔 성현'이라 한다.

홀로 늠름하여 밝은 하늘을 이고 있고,
어두운 곳에서는 귀신을 두렵게 여기며
남의 사정도 알아주고 하늘의 이치도 알고 있는 것,
그래야 '뿌리가 있는 학문'을 하고 있는 것이다.

口裡伊周, 心中盜蹠, 責人而不責己, 名爲掛榜聖賢;
獨凜明旦, 幽畏鬼神, 知人而復知天, 方是有根學問.

【伊周】이윤과 주공. 고대 뛰어난 보좌 伊尹은 殷나라 湯王을 도와 夏나라
　　末王 桀을 멸한 인물이며, 주공은 文王의 아들이며 武王의 아우로서 周初
　　문물제도를 완비하여 공자가 성인으로 추앙하던 인물. 《史記》殷本紀,
　　周本紀 및 魯周公世家 등을 참조할 것.
【盜蹠】'盜跖'으로도 표기하며 춘추시대 大盜로 이름이 높았던 인물. 그는
　　70여 세까지 온갖 부귀와 영화를 모두 누렸다 함.
【掛榜聖賢】입으로만 성현을 외우는 것. 掛榜은 원래 과거의 방을 걸어
　　붙임을 뜻함. 과거를 보아 높은 직위를 얻기 위해 성현의 말을 달달 외우는
　　행위.
【明旦】밝은 아침. 하늘 아래 떳떳한 행동을 함을 말함.

【知人知天】 인사를 알고 천명을 앎. 《中庸》 29장을 볼 것.
【有根學問】 뿌리가 있는 학문. 학문의 목적이 도를 실천하고 이루기 위한 것임.

참고 및 관련 자료

1. 《莊子》 盜跖篇
"孔子與柳下季爲友, 柳下季之弟, 名曰盜跖. 盜跖從卒九千人, 橫行天下, 侵暴諸侯, 穴室樞戶, 驅人牛馬, 取人婦女, 貪得忘親, 不顧父母兄弟, 不祭先祖. 所過之邑, 大國守城, 小國入保, 萬民苦之."

2. 《中庸》 29장
"故君子之道: 本諸身, 徵諸庶民, 考諸三王而不繆, 建諸天地而不悖, 質諸鬼神而無疑, 百世以俟聖人而不惑. 質諸鬼神而無疑, 知天也; 百世以俟聖人而不惑, 知人也."

023(1-23)
술주정뱅이

근본의 기절氣節이 없는 자는 마치 술주정뱅이가 사람을 치는 것과 같아,
취했을 때는 용감하나 깨어나서는 물러서 삭아들며
털끝만큼의 기력도 없는 것과 같다.

학문의 식견이 없는 자는 마치 부엌에서 아궁이에 불을 지피는 자와 같아,
자신의 얼굴 앞은 밝지만 등 뒤나 좌우에는
조금도 그 빛이 비춰오지 않는 것과 같다.

無根本底氣節, 如酒漢毆人, 醉時勇,
醒來退消, 無分毫氣力;
無學問底識見, 如庖人煬竈, 面前明,
背後左右, 無一些照顧.

【根本】德行과 修養으로 다져진 근본을 말함.
【底】'的'과 같음.
【氣節】기품과 절조.
【酒漢】술주정뱅이. '漢'은 '사나이'라는 뜻.
【分毫】一分毫. '터럭만큼'이라는 뜻.
【庖人】주방에서 일하는 사람.
【煬竈】아궁이에 불을 지핌.
【照顧】불빛이 비침. 혹 불을 쬠.

참고 및 관련 자료

1. 〈原注〉
○ 不知者賞其一時, 惑其一偏, 每擊節歎服, 信以終身. 吁! 難言也.
○ 氣節信不過人, 有出於一時之感慨, 則小人能爲君子之事; 有出於一念之
剽竊, 則小人能盜君子之名. 亦有初念甚力, 久而屈其雅操; 當危能奮, 安而喪
其生平者. 此皆不自涵養中來. 若聖賢之學問, 至死更無破綻.

024(1-24)
심득의 경지

논리는 심득心得의 경지까지 이르러 정밀해야 한다.
그래야 깊이 그 뜻을 알게 된다.
그렇지 않으면 귓가에 흘러가는 말, 입으로만 외우는 공부가 되고 만다.

사물이란 전고典故를 근거로 삼아야 한다.
그래야 널리 합당하게 된다.
그렇지 않으면 억측으로 논리를 펴거나 없는 내용을 날조하게 된다.

理以心得爲精, 故當沈潛, 不然, 耳邊口頭也;
事以典故爲據, 故當博洽, 不然, 臆說杜撰也.

【心得】 이해의 단계를 넘어 마음으로 터득한 공부의 결과.
【沈潛】 '沈潛'과 같음. 조용히 잠겨 깊이 그 뜻을 가슴에 터득함.
【耳邊口頭】 귓가에 와도 그대로 흘러가고 입으로는 그저 내용을 알지도
못한 채 외우거나 따라 읽음.
【典故】 근거가 있는 내용을 찾아내어 증명함.
【博洽】 널리 흡족함. 어디에나 합당함. 논리적으로 모순이 없음.
【臆說】 근거가 없이 억측으로 말함.
【杜撰】 '捏造'와 같음. 문을 걸어 잠그고 홀로 날조하여 글이나 문장, 기록을
만들어냄.

025(1-25)
소홀함이 없도록

오직 털끝만큼이라도 거칠고 소홀한 점이 있으면
곧 원리를 이해함이 진실되지 못하게 된다.
그래서 말은 반드시 정밀해야 한다.
그렇지 않으면 많은 사람들의 논리가 뒤엉켜 의혹을 자아내고 말 것
이다.

단지 털끝만큼의 마음 흔들림이 있으면
곧 논리를 지킴이 고정되지 못하게 된다.
그래서 말은 한결같아야 한다.
그렇지 않으면 이해를 만났을 때 변절되고 만다.

只有一毫粗疏處, 便認理不眞,
所以說惟精, 不然, 衆論淆之而必疑;
只有一毫二三心, 便守理不定,
所以說惟一, 不然, 利害臨之而必變.

【粗疏】 조악하고 소략함. 거칠고 엉성함.
【惟精】 정밀하고 순수해야 함.
【二三心】 마음이 고정되지 못하고 여러 갈래로 흩어짐. 《尙書》咸有一德에
　실려 있음.

1.《尙書》大禹謨
"人心惟危, 道心惟微, 惟精惟一, 允執厥中."
2.《尙書》咸有一德
"德唯一, 動罔不吉, 德二三, 動罔不凶"이라 하였고, 孔安國 傳에 "二三, 言不一"
이라 함.

026(1-26)
남과의 교류

남과 교류할 때는 온화한 속에 곧음이 있어야 하며,
일을 처리함에는 정밀함 속에 과감함이 있어야 하며,
원리를 이해함에는 정확함 속에 통달함이 있어야 한다.

接人要和中有介,
處事要精中有果,
認理要正中有通.

【接人】 남과 교류함. 교왕함.
【介】 정직하며 절조가 곧음.
【果】 과감함. 결단력이 있음.

1. 〈原注〉

○ 陳榕門云:「此三種是何等學識, 何等作用, 非淺學所可貌似.」

2. 《禮記》 表記

"君子之接如水, 小人之接如醴."

027(1-27)
옛사람에 대한 평가

옛사람의 뒤에 태어난 우리가
옛사람의 실책을 논하기란 쉬운 일이다.
옛사람과 같은 위치에 서서
옛사람처럼 똑같이 그런 일을 해내기란 어려운 일이다.

在古人之後, 議古人之失, 則易;
處古人之位, 爲古人之事, 則難.

【古人之後】 옛사람보다 늦게 태어났으며 그만 못하지만 비판하는 일은
쉽다는 뜻.
【古人之事】 옛사람이 실천했던 일들.

1. 〈原注〉

○ 一‘恕’字盡之. 恕則公, 恕則厚, 其理如此.

028(1-28)
고금의 차이

옛날 배우는 자들은 좋은 말 한 마디를 얻으면
이를 자신의 몸에 붙여 실천하고자 하였다.

오늘날 배우는 자들은 좋은 말 한 마디를 얻으면
이를 통해 남으로부터 즐거움을 얻고자 덤빈다.

古之學者, 得一善言, 附於其身;
今之學者, 得一善言, 務以悅人.

【附於其身】 자신의 몸에 붙어 있도록 하여 늘 실천함.
【務以悅人】 그 말을 자신의 것으로 여겨 남에게 자랑하여 칭찬을 듣고자 함.

029(1-29)
무능은 병

옛날 군자는 무능한 것을 병으로 여겨 배우고자 하였다.
지금의 군자는 무능한 것을 부끄러워하여 배우기를 꺼리고 있다.

古之君子, 病其無能也, 學之;

今日君子, 恥其無能也, 諱之.

【病】병폐로 여김. 반드시 치료해야 할 대상으로 여김.
【恥】부끄럽게 여김. 이에 따라 감추고자 함.
【諱】공부하기를 꺼려 함. 회피함.

참고 및 관련 자료

1. 〈原注〉
○ 呂新吾云:「學者不長進, 其病根只在護短, 恐人笑己之不知也. 一笑卽恥,
而終身之笑, 顧不恥乎?」

030(1-30)
시야와 도량

시야는 넓게 가져 명산대천을 두루 돌아보고,
도량은 크게 가져 오경五經과 여러 역사책을 숙독할지니라.

眼界要闊, 徧歷名山大川;
度量要宏, 熟讀五經諸史.

【徧歷】遍歷과 같음. 두로 섭렵하고 답사함.
【五經】儒家의 경전으로 漢代 흔히 《詩》,《書》,《禮》,《易》,《春秋》를 들고
있으며 당대 孔穎達이 이를 모아 정리하여 〈五經正義〉를 냄. 송대에 다시
〈十三經〉으로 확대됨.
【諸史】여러 사서들. 紀傳體, 編年體, 紀事本末體 등이 있으며 기전체는
正史로써 흔히 〈二十五史〉를 들고 있음.

031(1-31)
경서와 사서

먼저 경서經書를 읽은 다음 사서史書를 읽으면
일을 논함에 성현의 뜻에 오류를 범하지 않을 수 있고,

먼저 사서를 읽은 다음 경서를 읽으면
책을 보는데 한갓 장구章句에 그치지 않을 수 있다.

先讀經, 後讀史, 則論事不謬於聖賢;
旣讀史, 復讀經, 則觀書不徒爲章句.

【經】儒家의 경전. 5경, 6경, 13경 등으로 분류함.
【史】중국 역사. 紀傳體, 編年體, 紀事本末體 등이 있으며 기전체는 正史로
　흔히 〈二十五史〉를 들고 있음.
【徒】한갓 ~하는 데에 그침.
【章句】문장을 짓거나 풀이하고 구두점을 찍어 해석하는 등 낮은 공부. '義理
　之學'에 상대되는 말.

032(1-32)
경전과 기욕

경전 등 고전을 읽어두면 뿌리가 든든하고,
《사기》와《자치통감》등 역사책을 읽어두면 토론에 뛰어나고,

자연 변화를 잘 관찰해두면 시야가 넓어지며,
기호나 욕심을 제거하면 흉회胸懷가 깨끗해진다.

讀經傳則根柢厚, 看史鑑則議論偉,
觀雲物則眼界寬, 去嗜欲則胸懷淨.

【經傳】 성인의 경전과 현인의 주석서. 고전을 뜻함.
【根柢】 뿌리.
【史鑑】 司馬遷의《史記》와 司馬光의《資治通鑑》.《사기》는 紀傳體의 대표적
　 史書이며,《자치통감》은 編年體의 뛰어난 역사기록임.
【雲物】 기상 변화. 경색, 경물. 자연 현상.《文心雕龍》比興에 "圖狀山川, 影寫
　 雲物"이라 함.
【嗜欲】 嗜慾과 같음. 기호와 욕심. 중독되어 빠져나오기 어려운 것들.
【胸懷】 가슴. 사람이 살아가면서 가슴에 담고 있는 情緒.

　　　참고 및 관련 자료

1.《博物志》張華 (文籍考)
"聖人制作曰經, 賢者著述曰傳·曰章句·曰解·曰論·曰讀."

033(1-33)
육경

한 가정에도 스스로 지극한 즐거움이 있으며,
육경六經 외에 달리 기이한 책이란 없다.

一庭之內, 自有至樂;
六經以外, 別無奇書.

【至樂】 지극한 즐거움.
【六經】 고대 孔子가 정리한 儒家의 경전. 흔히 《詩》,《書》,《禮》,《樂》,
《易》,《春秋》를 들고 있음. 漢代에는 《樂》이 없어 五經을 國學에 세웠으며
宋代 〈十三經〉으로 늘어남.

(참고 및 관련 자료)

1. 《莊子》天運篇
"孔子謂老聃曰:「丘治詩書禮樂易春秋六經, 自以爲久矣, 熟知其故矣.」"

034(1-34)
아직 보지 않은 책

아직 보지 않은 책을 읽을 때면 마치 훌륭한 친구를 만난 것 같고,
이미 읽은 책을 다시 보게 되면 마치 오랜 옛 친구를 만난 것 같도다.

讀未見書, 如得良友;
見已讀書, 如逢故人.

【良友】훌륭한 친구.
【故人】보고 싶던 옛 친구.

───────────
참고 및 관련 자료
───────────

1.《說苑》談叢篇
"賢師良友在其側, 詩書禮樂陳其前, 棄而爲不善者鮮矣."

035(1-35)
멈춘 물과 흐르는 물

무엇을 생각하고 무엇을 염려하는가?
평소 마음을 멈춘 물처럼 가지면 될 것을.

조장하지도 망각하지도 말라.
학문은 마땅히 흐르는 물처럼 쉬지 않으면 된다.

何思何慮, 居心當如止水;
勿助勿忘, 爲學當如流水.

【何思何慮】 "무엇을 생각하고 무엇을 염려하는가"의 뜻. 《周易》 繫辭(下)에
실려 있음.
【止水】 흐르지 않고 고요히 멈춘 물. 아무런 고통이나 흔들림이 없이 편안
함을 뜻함.
【勿助勿忘】 揠苗助長처럼 일을 급히 서둘러 그르치는 일이 없도록 하라는
뜻. 잊지도 않고 급히 성취를 바라지도 않음. 《孟子》 公孫丑(上)에 실려 있음.
'勿助'는 '勿助長'과 같은 뜻으로 위에서 말한 '揠苗助長'하지 말 것을 권고
하는 말.
【流水】 흐르는 물. 앞의 '止水'에 상대하여 쓴 말로 학문은 물이 끊임없이
흐르듯 쉬지 않고 해나갈 뿐임을 뜻함.

1. 《周易》繫辭(下)

"天下何思何慮? 天下同歸而殊塗, 一致而百慮, 天下何思何慮?"

2. 《孟子》公孫丑(上)

"「敢問何謂浩然之氣?」曰:「難言也. 其爲氣也, 至大至剛; 以直養而無害, 則塞于天地之間. 其爲氣也, 配義與道; 無是, 餒也. 是集義所生者, 非義襲而取之也. 行有不慊於心, 則餒矣. 我故曰:『告子未嘗知義.』以其外之也. 必有事焉而勿正, 心勿忘, 勿助長也. 無若宋人然: 宋人有閔其苗之不長而揠之者, 芒芒然歸. 謂其人曰:『今日病矣, 予助苗長矣.』其子趨而往視之, 苗則槁矣. 天下之不助苗長者寡矣. 以爲無益而舍之者, 不耘苗者也; 助之長者, 揠苗者也. 非徒無益, 而又害之.」"

036(1-36)
잡념과 노고로움

마음에 잡념이 없도록 하라.
잡념이 있으면 정신이 방탕하여 책 읽기에 집중할 수가 없다.

마음을 너무 노고롭게 하지 말라.
너무 노고로우면 정신이 피로해져서 책을 읽어도 내용이 들어오지 않는다.

心不欲雜, 雜則神蕩而不收;

心不欲勞, 勞則神疲而不入.

【神蕩】 정신이 흐트러짐. 집중력이 떨어짐.
【不收】 거두어들여지지 않음. 집중력이 사라짐.
【不入】 책의 내용이 머리에 들어오지 않음.

참고 및 관련 자료

1. 〈原注〉
○ 用功過勤者, 心力旣疲, 未見得手. 須於誦讀之餘, 閉目靜坐, 養其神氣, 令此
心如魚之在水, 如鶴之在林, 悠悠洋洋, 活活潑潑, 是讀書之至樂也.

037(1-37)
마음과 눈

마음에 잡된 욕망을 신중히 방비하면
심령에 더욱 여유가 있을 것이며,

잡된 볼거리에 눈을 신중히 하면
총명함에 더욱 여유가 있을 것이다.

心愼雜欲, 則有餘靈;
目愼雜觀, 則有餘明.

【餘靈】 심령에 여유가 있고 淸澈해짐.
【餘明】 이미 총명함에 더욱 여유가 있음.

1. 〈原注〉

○ 心欲其時時結聚, 結聚則聰明生.

038(1-38)
책의 지식

책상에는 쓸데없이 많은 책만 늘어놓아서는 안 되며,
가슴속에는 품고 있는 책의 지식이 적어서도 안 된다.

案上不可多書, 心中不可少書.

【案上】 책상. 책상 위에 너무 많은 책을 늘어놓으면 하나의 깊은 원리에
專一하기 어려움을 말함.
【心中】 가슴 속에는 많은 책의 내용을 이해하고 心得하고 있어야 함.

039(1-39)
물고기가 물을 떠나면

물고기가 물을 떠나면 비늘이 말라버리듯,
마음이 책을 떠나면 정신이 삭막해진다.

魚離水則鱗枯, 心離書則神索.

【鱗枯】물고기의 비늘이 말라버림. 죽게 됨.
【神索】생각이나 사유가 고갈되어 삭막해짐. '索'은 '삭막해지다'의 뜻.

참고 및 관련 자료

1.〈原注〉
○ 張夢復云:「讀書可以增長道心, 爲頤養第一事.」

040(1-40)
뜻이 지향하는 바

뜻이 가고자 하는 바는 아무리 멀어도 가지 못할 곳이 없다.
산을 다하고 바다를 다 건너 그 한계를 정할 수 없는 것이어야 한다.

뜻이 지향하는 바는 아무리 굳센 것일지라도 뚫지 못할 것이 없다.
날카로운 무기나 정밀한 갑옷도 그 뜻을 막아낼 수 없는 것이어야
한다.

志之所趨, 無遠勿屆, 窮山距海, 不能限也;
志之所向, 無堅不入, 銳兵精甲, 不能御也.

【無遠勿屆】屆는 '한계까지 이르다'의 뜻. '아무리 멀어도 이르지 못할 곳이
없음'이라는 뜻.
【無堅不入】'아무리 견고해도 뚫고 들어가지 못할 것이 없음'이라는 뜻.
【御】막음. 들어오지 못하게 방어함.

참고 및 관련 자료

1. 〈原注〉
○ 朱文公云:「書不記, 熟讀可記; 義不精, 細思可精. 惟有志不立, 直是無著
力處. 只如而今貪利祿而不貪道義, 要做貴人而不要做好人, 皆是志不立之病.」

041(1-41)
의념과 지기

의념意念을 침잠시켜 차례로 익혀간다면
그 무슨 논리인들 터득하지 못할 것이 있겠는가?

지기志氣를 분발시켜 낸다면
그 무슨 일인들 해내지 못할 것이 있겠는가?

把意念沉潛得下, 何理不可得?
把志氣奮發得起, 何事不可做?

【把】 백화어에서 목적어를 이끄는 전치사. 뒤의 어휘나 문장을 목적어로 만듦.
'~을/를'로 새김.
【得下】 차례로 익혀 내려감.
【得起】 해냄.
【做】 '作'과 같음.

참고 및 관련 자료

1. 〈原注〉
○ 今之學者, 將簡浮躁心觀理, 將簡委靡心臨事, 只模糊過了一生.

042(1-42)
물에 수레를 띄우면

마음을 비우지 아니하면
마치 물에 돌을 넣었으나
조금도 물이 돌 속으로 젖어 들어가지 못하는 것과 같다.

깨닫지 못하면
마치 거문고 오리발을 아교로 고착시켜
조금도 소리에 맞게 이동할 수 없는 것과 같다.

체험으로 알아내지 못하면
마치 번갯불이 물건을 비추되
그 불빛을 잡아놓을 수 없는 것과 같다.

몸소 실행하지 아니하면
물을 건너면서 수레를 띄우고 땅을 가면서 배를 움직이는 것과 같아
조금도 쓸모를 얻을 수 없는 것이 되고 만다.

不虛心, 便如以水沃石, 一毫進入不得;
不開悟, 便如膠柱鼓瑟, 一毫轉動不得;
不體認, 便如電光照物, 一毫把捉不得;
不躬行, 便如水行得車, 陸行得舟, 一毫受用不得.

【以水沃石】 물로 돌을 적심. 돌 속에는 물이 들어가지 못함.

【膠柱鼓瑟】 거문고 오리발을 아교로 고정시키고 거문고를 연주하고자 함. 거문고의 오리발은 음을 맞추기 위해 수시로 움직여야 하나 이를 고정시키면 음을 맞출 수 없음. 어떤 일에 고집을 부려 변통을 운용하지 못함을 뜻함. 참고란을 볼 것.

【電光】 번갯불.

【躬行】 직접 몸소 실행함. 《論語》 述而篇에 "子曰:「文, 莫吾猶人也. 躬行君子, 則吾未之有得.」"라 함.

【受用】 그 쓰임의 효용성을 받음. 본령의 도움을 받음.

참고 및 관련 자료

1. 〈原注〉

○ 許魯齋云:「讀書最怕是自滿, 惟虛故能受, 滿則無所容. 學者當佩斯言.」

○ 陳子兼云:「讀書最須知出入法, 始當求所以入, 終當求所以出. 見得親切, 此是入書法; 用得透脫. 此是出書法.」

○ 薛文淸公云:「爲學不是虛談道理, 須於應事接物時, 隨處詳審體察. 若泛觀天下之理, 而不知善處事物, 究於實際何補?」

○ 高忠憲公云:「學者讀書, 須要句句反到自己身上來看, 一面思索體認, 一面反躬實踐, 這纔是讀書.」

2. 《說苑》 奉使篇

"趙王遣使者之楚, 方鼓瑟而遣之, 誡之曰:「必如吾言.」使者曰:「王之鼓瑟, 未嘗悲若此也!」王曰:「宮商固方調矣!」使者曰:「調則何不書其柱耶?」王曰:「天有燥濕, 絃有緩急, 宮商移徙不可知, 是以不書.」使者曰:「明君之使人也, 任之以事, 不制以辭, 遇吉則賀之, 凶則弔之. 今楚, 趙相去, 千有餘里, 吉凶憂患, 不可豫知, 猶柱之不可書也. 詩云:『莘莘征夫, 每懷靡及.』」

3. 《韓詩外傳》(七)

"趙王使人於楚, 鼓瑟而遣之, 曰:「愼無失吾言.」使者受命, 伏而不起, 曰:「大王鼓瑟, 未嘗若今日之悲也.」王曰:「調.」使者曰:「調則可記其柱.」王曰:「不可. 天有燥濕, 絃有緩急, 柱有推移, 不可記也.」使者曰:「請借此以喩. 楚之去趙, 千有餘里. 亦有吉凶之變, 凶則弔之, 吉則賀之. 猶柱之有推移, 不可記也. 故王

之使人, 必愼其所之, 而不任以辭」詩曰:『征夫捷捷, 每懷靡及.』蓋傷自上而
御下也."

4.《史記》廉頗藺相如列傳

"後四年, 趙惠文王卒, 子孝成王立. 七年, 秦與趙兵相距長平, 時趙奢已死,
而藺相如病篤, 趙使廉頗將攻秦, 秦數敗趙軍, 趙軍固壁不戰. 秦數挑戰,
廉頗不肯. 趙王信秦之閒. 秦之閒言曰:「秦之所惡, 獨畏馬服君趙奢之子趙括
爲將耳」趙王因以括爲將, 代廉頗. 藺相如曰:「王以名使括, 若膠柱而鼓瑟耳.
括徒能讀其父書傳, 不知合變也」趙王不聽, 遂將之."

043(1-43)
독서와 의문

독서에서 귀히 여기는 것은 능히 의문을 갖는 것이다.
의문을 가지면 가히 열리고 펴지게 된다.

독서에서는 점진적인 단계가 있다.
점차 가다보면 마침내 성취해낼 수 있다.

讀書貴能疑, 疑乃可以啓信;
讀書在有漸, 漸乃克底有成.

【疑】 의심나는 부분에 대하여 의문을 가지고 끝까지 궁구함.
【啓信】 '信'은 '伸'과 같음. 열어 펴 보여줌. 해결됨.

【漸】 점차로 깊은 학문으로 들어감.
【克底】 마침내 이루어냄.

1. 〈原注〉
○ 陳白沙云:「疑者, 覺悟之機. 知其可疑而思問焉, 其悟自不遠矣. 若徒以爲曉得, 便竟住了, 大無益.」
○ 呂新吾云:「天地所以循環無端·積成萬古者, 只有四箇字, 曰無息有漸. 爲學亦然.」

044(1-44)
이론과 담론

책을 보면서 이치를 찾을 때는
모름지기 자기 자신으로 하여금 완전히 이해하도록 해야 한다.

남과 이치를 담론할 때는
모름지기 상대방으로 하여금 완전히 그 내용을 이해하도록 해 주어야
한다.

看書求理, 須令自家胸中點頭;
與人談理, 須令人家胸中點頭.

【自家】자신. 자기. 백화어.
【胸中點頭】가슴에 그 내용을 점검하여 완전히 이해함.
【人家】남. 타인. 백화어.

1. 〈原注〉

○ 老嫗能解之詩, 便是幼婦絶妙好辭. 行文如鬼呪神讖, 爾雖得意, 誰爲點頭?

045(1-45)
정신 쓰기를 아껴라

정신 쓰는 일을 아껴 두었다가
나중에 천하의 큰 임무를 담당할 수 있도록 남겨라.

어영부영 세월을 허비한다면
묻노니 그 어느 때 임금과 어버이의 은혜에 보답하겠는가?

愛惜精神, 留他日擔當宇宙;
蹉跎歲月, 問何時報答君親?

【愛惜】아껴 둠. 너무 허비하지 않음.
【宇宙】천하의 대임. 아주 큰 임무. 온 천하와 우주 전체는 커다란 집과 같아

'우주'라 표현한 것이며 이는 첩운연면어(疊韻連綿語)에서 유래되었음. 하나의 어휘로 굳어졌음. 흔히 공간개념을 '宇', 시간개념을 '宙'라 풀이하고 있음. 즉 시공이 있는 이 세상 만물의 신비함을 뜻함.《淮南子》原道訓에 "橫四維而含陰陽, 紘宇宙而章三光"이라 하였고, 高誘 주에 "四方上下曰宇, 古往今來曰宙. 以喩天地"라 함.

【蹉跎(차타)】세월을 어영부영 보냄. 비틀거림. 疊韻連綿語.

【君親】임금과 어버이. 은혜를 갚아야 할 대상. 李陵의〈答蘇武書〉에 "違棄君親之恩, 長於蠻夷之域, 傷已"라 함.

046(1-46)
경계해야 할 행동들

술 주정을 경계하라.
술 주정은 정신을 상하게 하느니라.

색을 탐함을 경계하라.
색을 탐하면 정신을 마멸시키느니라.

맛난 음식을 경계하라.
맛난 음식은 정신을 혼미하게 하느니라.

배부름을 경계하라.
배부름은 정신을 갇히게 하느니라.

너무 많은 움직임을 경계하라.
너무 많은 움직임은 정신을 혼란시키느니라.

너무 많은 말을 경계하라.
너무 많은 말은 정신을 손상시키느니라.

너무 많은 걱정을 경계하라.
너무 많은 걱정은 정신을 우울하게 하느니라.

너무 많은 생각을 경계하라.
너무 많은 생각은 정신을 흔드느니라.

너무 많은 잠을 경계하라.
너무 많은 잠은 정신을 피곤하게 하느니라.

너무 장시간 독서를 경계하라.
너무 오랜 독서는 정신을 메마르게 하느니라.

戒浩飮, 浩飮傷神; 戒貪色, 貪色滅神.
戒厚味, 厚味昏神; 戒飽食, 飽食悶神;
戒多動, 多動亂神; 戒多言, 多言損神;
戒多憂, 多憂鬱神. 戒多思, 多思撓神;
戒久睡, 久睡倦神; 戒久讀, 久讀枯神.

【浩飮】술을 호탕하게 마심. 술에 취하여 주정을 부림.
【厚味】훌륭한 음식.
【悶神】정신이 갇혀 활동을 하지 못함.
【撓神】정신을 흔들어 바로잡지 못하게 함.

1. 〈原注〉

○ 人之一生, 只靠這精神幹事, 精神不旺, 昏沉到底. 人若調養得精神完固, 不怕文字無解悟, 無神氣, 此是擧業最上乘.

○ 朱子曰:「關了門, 閉了戶, 把截四路頭, 正讀書時也. 何謂四路頭? 人心紛擾, 要長要短, 皆是路頭, 須是一切斷絶. 養心莫善於寡欲, 件件看破, 都沒要緊; 漸漸寡去, 寡之又寡, 以至於無. 則此心空明靈妙, 人品自高, 文章自妙. 此爲善讀書之本.」

○ 高忠憲〈雜訓〉曰:「男兒七尺之軀, 頂天立地, 如何開口道簡求字.《孟子》齊人一章, 便是這個字的行狀. 至今讀之汗顔, 不可作等閑認也. 就命上看, 人生窮達利鈍, 卽墮地一刻都一定下, 如何增損得些子. 雞鳴夜神初醒, 便須打點一日之勾當, 不使閑過. 於此憤然發箇志氣, 曰吾欲云云, 當作何云云. 轉眼靑山落紅日, 又蹉過一日矣.」

○ 劉念臺〈家塾規〉:「士大夫當以學術爲菑畬, 以心術爲本根, 以倫理爲枝幹, 以事業爲果實. 若文章則花蕚也.」

○ 學者知疑, 小疑則小進, 大疑則大進. 疑者, 覺悟之機也. 一番覺悟, 一番長進.

○ 經書養人根本, 史書開人才思.

○ 進道入德, 莫要於有恆. 天道只是箇恆, 每日定準是三百六十五度四分度之一, 分毫不損不加, 流行不緩不急, 而萬古不息, 萬物得所. 語云:『有勤心, 無遠道.』(蓼花菴訓言)

二. 존양류存養類

'존양'이란 항심(恒心, 天心)을 존속시켜 수양을 거듭함을 뜻한다.
덕을 기르며 만물을 바르게 보아 충허冲虛를 함양하고 나아가
기호와 욕심을 줄여 진실한 삶을 영위할 것을 권유한 내용이다.

모두 46조이다.

〈嵌貝鹿形銅鎭〉(서한) 1957 河南 陝縣 출토

047(2-1)
천성과 정욕

천성의 분량은 부족하게 해서는 안 된다.

그러므로 그 취해야 할 가짓수는 의당 많아야 한다.

이를테면 궁리窮理, 진성盡性, 달천達天, 입신入神, 광대廣大하게 넓히는 것, 지극히 고명高明하게 하는 것 등이 이러한 덕목이다.

정욕은 남음이 있도록 해서는 안 된다.

그러므로 그 취해야 할 가짓수는 의당 적어야 한다.

이를테면 근언謹言, 신행愼行, 약기約己, 청심淸心, 음식飮食의 조절, 기욕嗜欲을 줄이는 것 등이 이러한 덕목이다.

性分不可使不足, 故其取數也宜多:

曰窮理, 曰盡性, 曰達天, 曰入神, 曰致廣大, 極高明;

情欲不可使有餘, 故其取數也宜少:

曰謹言, 曰愼行, 曰約己, 曰淸心, 曰節飮食, 寡嗜欲.

【性分】천성의 분량.

【數】수량. 수양해야 할 덕목의 종류.

【窮理盡性】이치를 궁구함.《周易》說掛를 볼 것.

【達天】천명에 통달함. 樂天知命을 말함.

【入神】神化의 경지에 들어섬.《周易》繫辭(下)에 실려 있음.

【致廣大】덕을 더욱 넓히고 확대해 나감.

【極高明】고견과 명지를 지극히 함.《中庸》26장을 볼 것.

【謹言·愼行】말에 신중을 기하는 것과 행동을 신중히 하는 것.《禮記》緇
衣를 볼 것.
【約己·淸心】자신을 묶어 절약하는 것과 마음을 청정하게 갖는 것.
【節飮食】음식을 절제하여 양생을 실행하는 것.
【寡嗜欲】기욕을 줄여 심신을 보양하는 것. '嗜欲'은 '嗜慾'으로도 표기하며
기호와 욕심. 중독되어 빠져나오기 어려운 것들.

참고 및 관련 자료

1.《周易》說卦
"窮理盡性, 以至於命"이라 하였고, 孔穎達의 疏에 "窮極萬物深妙之理, 窮盡生
靈所稟之性"이라 함.
2.《周易》繫辭(下)
"精意入神, 以致用也"라 하였고, 孔穎達의 疏에 "言聖人用精粹微妙之義, 入於
神化 寂然不動, 乃能致其所用"이라 함.
3.《大學》傳 2장
"湯之盤銘曰:「苟日新, 日日新, 又日新.」康誥曰:「作新民.」詩曰:「周雖舊邦,
其命惟新.」是故君子無所不用其極"이라 하였고, 鄭玄의 注에 "極猶盡也. 君子
日新其德, 常盡心力不有餘也"라 함.
4.《中庸》26장
"故至誠無息. 不息則久, 久則徵, 徵則悠遠, 悠遠則博厚, 博厚則高明. 博厚,
所以載物也; 高明, 所以覆物也; 悠久, 所以成物也. 博厚配地, 高明配天, 悠久
無疆."
5.《禮記》緇衣
"故言必慮其所終, 而行必稽其所敝, 則民謹於言而愼於行."

048(2-2)
마음

그 마음을 크게 가져 천하의 만물을 수용하고,
그 마음을 비워 천하의 선함을 받아들이며,
그 마음을 평온히 하여 천하의 일을 논하고,
그 마음을 침잠시켜 천하의 이치를 관찰하며,
그 마음을 고정시켜 천하의 변화에 대응하라.

大其心, 容天下之物;

虛其心, 受天下之善;

平其心, 論天下之事;

潛其心, 觀天下之理;

定其心, 應天下之變.

【大其心】 자신의 마음을 크게 가짐.
【潛其心】 그 마음을 沈潛시켜 조용한 속에서 이치를 觀照함.

참고 및 관련 자료

1. 〈原注〉
○ 練心如練金, 百練而後爲眞金, 百練而後爲眞心.

049(2-3)
길러야 할 것들

청량하고 명철함을 가지고 나의 정신을 기르고,
침정하여 전일함을 가지고 나의 염려를 수양하며,
안정시켜 경계하는 것으로써 나의 식견을 기르고,
강하고 대담함을 가지고 나의 기품을 수양하며,
과감한 결단력으로 나의 재능을 기르고,
응고하여 진중히 하는 것으로써 나의 기량을 기르며,
관대하고 넉넉함을 가지고 나의 도량을 기르며,
엄격하고 냉정함으로써 나의 절조를 수양한다.

淸明以養吾之神, 湛一以養吾之慮,
沉警以養吾之識, 剛大以養吾之氣,
果斷以養吾之才, 凝重以養吾之器,
寬裕以養吾之量, 嚴冷以養吾之操.

【淸明】 청량하고 명석함.
【湛一】 沈靜하여 專一함. 張載《正蒙》誠明에 "湛一, 氣之本; 攻取, 氣之欲"
이라 함.
【沉警】 자신을 고요하게 안정시킨 다음 사물의 변화를 경계함.
【養吾之氣】 나의 浩然之氣를 잘 기름.《孟子》公孫丑(上)에 "我知言, 我善養
吾浩然之氣"라 함.
【凝重】 자신의 뜻을 응고시켜 진중하게 생각하고 행동함.
【器】 기량. 도량.《論語》爲政篇 및 八佾篇을 참고할 것.

1.〈原注〉

○ 馮少墟云:「凡人拈花弄月, 尋山問水, 便覺天趣盎然, 而況存心養性, 直達
眞源. 上下古今, 都在這裏, 此中樂趣, 更復何如?」

2.《論語》爲政篇

"子曰:「君子不器.」"

3.《論語》八佾篇

"子曰:「管仲之器小哉!」或曰:「管仲儉乎?」曰:「管氏有三歸, 官事不攝, 焉
得儉?」「然則管仲知禮乎?」曰:「邦君樹塞門, 管氏亦樹塞門. 邦君爲兩君
之好, 有反坫, 管氏亦有反坫. 管氏而知禮, 孰不知禮?」"

050(2-4)
감추어야 할 것들

자신이 장점을 가지고 있다면 얼마만큼은 감추어 두어라.
이것이 자신을 함육涵育함에 있어서 수양을 깊게 하는 것이다.

남이 단점을 가지고 있다면 얼마만큼은 감추어 덮어주어라.
이것이 순박하고 돈후함에 있어서 수양을 광대하게 하는 것이다.

自家有好處, 要掩藏幾分, 這是涵育以養深;
別人不好處, 要掩藏幾分, 這是渾厚以養大.

【自家】 스스로. 자기 자신만이.
【幾分】 약간. 몇 푼어치 정도.
【涵育】 교화를 함양함.
【別人】 남. 타인. 自家에 상대되는 백화어 어휘.
【渾厚】 순박하고 돈후함.

051(2-5)
비움

비움을 가지고 마음을 수양하고,
덕으로써 몸을 수양하며,
인을 가지고 천하 만물을 양육하고,
도로써 천하 만세를 길러라.

以虛養心,
以德養身;
以仁養天下萬物,
以道養天下萬世.

【虛】 허심. 겸양. 겸허함.
【養】 기름. 수양함. 양육함. 교육함. 《禮記》 文王世子에 "立太傅·少傅以養之,
欲使其知父母君臣也"라 하였고, 鄭玄의 주에 "養者, 敎也"라 함.
【萬物】 뒤의 萬世에 상대되는 말로 천하의 時空에 있어서 모든 사물.

052(2-6)
함양해야 할 것과 버려야 할 것

충허沖虛를 잘 함양함이
곧 이 세상 살아가면서의 학문이요,

번뇌를 덜어 제거하니
그 얼마나 마음에 편안함과 화평함을 주는고!

涵養沖虛, 便是身世學問;
省除煩惱, 何等心性安和!

【沖虛】'沖虛'로도 표기하며, 겸양과 抑遜. 자신의 마음을 비워 겸손하게 함을
말함.《列子》책을 도교에서《沖虛至德眞經》이라 함.
【身世】이 세상에 살아가면서 가지고 있는 육신. 일생을 말함.
【省除】덜어버리고 제거함.
【何等】감탄부사 '얼마나'의 뜻.

참고 및 관련 자료

1.〈原注〉
○ 劉念臺云:「涵養全得一緩字, 凡語言動作皆是.」
○ 劉直齋云:「存心養性, 須要耐煩·耐苦·耐驚·耐怕, 方得純熟.」
○ 世人遇不如意事, 動輒煩惱, 而煩惱無補於事, 徒自增苦. 惟有耐心料理, 勿更
添此一重纏縛.

053(2-7)
사물과 사단

안자顔子는 사물四勿로써 이를 거두어 가슴에 담고자
사악함을 막고 성실함을 보존하는 공부에 열심을 쏟아
외물을 억제하여 심중을 수양하였다.

맹자孟子는 사단四端으로써 이를 확충해 나가고자
격물치지의 공부에 열심을 쏟아
가까운 데를 추측하여 먼 곳에 이르게 하였다.

顔子四勿, 要收入來, 閑存工夫, 制外以養中也;
孟子四端, 要擴充去, 格致工夫, 推近以曁遠也.

【顔子】顔回. 공자의 제자로 덕행으로 뛰어났으며 가난을 달게 여겼음.
그러나 안타깝게 30여 세에 죽었음. 참고란을 볼 것.
【四勿】네 가지 하지 않는 것. 《論語》顔淵篇의 顔淵과 공자와의 대화임.
【閑存】'閑'은 '막다', '存'은 '존속시키다'의 뜻. 사악함을 막아 자신이 가지고
있는 정성을 잘 보존함. 《周易》乾卦에 "閑邪存其誠"이라 하였고, 孔穎達의
疏에 "言防閑邪惡, 當自存其誠實也"라 함.
【工夫】'功夫'로도 쓰며 어떠한 일에 집중을 다하여 노력하거나 힘을 쏟음을
말함.
【孟子】전국시대 왕도정치를 부르짖은 亞聖. 孟軻.
【四端】사람의 본성으로서 나타나는 네 가지 단서. 《孟子》公孫丑(上)에 실려
있음.
【格致】《大學》八條目 중의 '格物'과 '致知'. 참고란을 볼 것.

【推近以暨遠】 자신 가까이의 경우를 생각하여 그 마음이 먼 남에게 미치게 함. 《孟子》梁惠王(上)의 구절.

참고 및 관련 자료

1. 《論語》雍也篇

"子曰:「賢哉, 回也! 一簞食, 一瓢飮, 在陋巷, 人不堪其憂, 回也不改其樂. 賢哉, 回也!」"

2. 《論語》顏淵篇

"顏淵問仁. 子曰:「克己復禮爲仁. 一日克己復禮, 天下歸仁焉. 爲仁由己, 而由人乎哉?」顏淵曰:「請問其目」子曰:「非禮勿視, 非禮勿聽, 非禮勿言, 非禮勿動」顏淵曰:「回雖不敏, 請事斯語矣.」"

3. 《論語》雍也篇

"哀公問:「弟子孰爲好學?」孔子對曰:「有顏回者好學, 不遷怒, 不貳過. 不幸短命死矣, 今也則亡, 未聞好學者也.」"

4. 《孟子》公孫丑(上)

"今人乍見孺子將入於井, 皆有怵惕惻隱之心; 非所以內交於孺子之父母也, 非所以要譽於鄉黨朋友也, 非惡其聲而然也. 由是觀之: 無惻隱之心, 非人也; 無羞惡之心, 非人也; 無辭讓之心, 非人也; 無是非之心, 非人也. 惻隱之心, 仁之端也; 羞惡之心, 義之端也; 辭讓之心, 禮之端也; 是非之心, 智之端也. 人之有是四端也, 猶其有四體也."

5. 《大學》제 1장

"古之欲明明德於天下者, 先治其國; 欲治其國者, 先齊其家; 欲齊其家者, 先脩其身; 欲脩其身者, 先正其心; 欲正其心者, 先誠其意; 欲誠其意者, 先致其知; 致知在格物."

6. 《孟子》梁惠王(上)

"老吾老, 以及人之老; 幼吾幼, 以及人之幼, 天下可運於掌."

054(2-8)
희로애락

희로애락의 감정이 있지만 아직 드러내지 않았다 함은
인심人心을 곧바로 도심道心으로 소급하여 가는 것이니,
그러한 마음을 존속시켜 수양해야 한다.

아직 드러나지 않았으되 이를 희로애락이라 말하니,
이는 바로 도심이 인심이 있음을 지적하는 것으로
이를 잘 성찰해야 한다.

喜怒哀樂而曰未發, 是從人心直溯道心, 要他存養;
未發而曰喜怒哀樂, 是從道心指出人心, 要他省察.

【喜怒哀樂】 사람의 감정 변화.
【未發】 감정이 아직 겉으로 드러나지 않은 채 가슴에 들어 있는 상태.《中庸》
  제 1장에 실려 있음.
【直溯】 곧바로 소급하여 올라감. '溯'는 '遡'와 같음.
【道心】 천리. 의리.《尙書》大禹謨에 실려 있음.
【存養】 마음에 잘 간직하여 이를 수양함.
【省察】 살핌.

> **참고 및 관련 자료**

1.《中庸》제 1장
"喜怒哀樂之未發, 謂之中; 發而皆中節, 謂之和. 中也者, 天下之大本也; 和也者,天下之達道也. 致中和, 天地位焉, 萬物育焉."
　2.《尙書》大禹謨
"人心惟危, 道心惟微."

055(2-9)
봄과 가을

심성을 보존하는 수양은 의당 충수沖粹하게 하여
봄의 온기에 가까워야 한다.

일을 살핌에는 의당 근엄謹嚴하게 하여
가을 숙살肅殺의 기운에 가까워야 한다.

存養宜沖粹, 近春溫;
省察宜謹嚴, 近秋肅.

【沖粹】沖淡하고 순수함. 한 가지 일에 열심을 다하며 따뜻하고 순박함을
　뜻함.
【春溫】봄은 五行으로 木이며 만물을 성장시키는 育物의 의미를 가지고 있음.
　청색. 동쪽의 기운.
【秋肅】가을의 肅殺한 기운. 만물을 엄숙하게 다스리고 냉엄하게 처리함을
　뜻함. 오행으로 金이며 흰색. 서쪽의 기운.

056(2-10)
함양, 성찰, 극치

사람의 본성을 근거로 하여 이해하는 것을 일러 함양涵養이라 하고,
사람의 염려를 근거로 일깨워주고 인도하는 것을 일러 성찰省察이라
하며,
사람의 기질을 근거로 욕심을 녹여 없애는 것을 일러 극치克治라 한다.

就性情上理會, 則曰涵養;
就念慮上提撕, 則曰省察;
就氣質上銷鎔, 則曰克治.

【性情】 천성의 본질과 인성의 욕구.《周易》乾卦에 실려 있음.
【理會】 이해함. 터득함.
【提撕】 提는 드러내어 알려줌을 뜻하며 시(撕)는 일깨워줌을 뜻함. 참고란
을 볼 것.
【銷鎔】 쇠붙이 따위를 녹여 없앰. 鎔解함.
【克治】 제어함. 자신의 사악한 욕심 따위를 극복함.

> 참고 및 관련 자료

1. 〈原注〉
○ 省克得輕安, 卽是涵養; 涵養得分明, 卽是省克, 其實一也, 皆不是落後著事.
○ 涵養與克治, 是人心雙輪. 入門之始, 克治力居多; 進步之後, 涵養力居多.
及至車輕路熟時, 不知是一是二.
○ 先儒每言存養省察, 畢竟工夫以省察入. 若不能省察, 說甚存養.

○ 眞文忠云: 「治心如治病然. 省察者, 切脈而知疾也; 克治者, 用藥以去疾也; 存養者, 則又保護元氣, 以杜未形之疾者也.」

2.《周易》乾卦

"利貞者, 性情也"라 하였고, 孔穎達 疏에 "性者, 天生之質, 正而不邪; 情者, 性之欲也"라 함.

3.《詩經》大雅 抑

"非面命之, 言提己耳"라 하였고, 鄭玄의 箋에 "我非但對面語之, 親提撕其耳"라 함.

057(2-11)
욕심과 기氣

한 번 욕심에 동요하다가
그 욕망이 미혹함에 빠지면 혼암하게 된다.

한 번 기분에 맡겨 두었다가
기분이 치우치면 지독함에 빠지게 된다.

一動於欲, 欲迷則昏;
一任乎氣, 氣偏則戾.

【欲】 '慾'과 같음. 욕심에 이끌림.
【氣】 기분. 정서.《莊子》庚桑楚에 "欲靜則平氣"라 함.
【戾】 지독함. 어그러짐.

1. 〈原注〉

○ 人於初起念時, 卽便回心一想, 其是非固自較然, 非者去之, 是者存之. 克己 工夫, 卽從此初念克起; 行善工夫, 卽從此初念行起.

058(2-12)
마음은 맑은 거울

사람의 마음은 곡식 씨앗과 같아서
그 속 모든 생명력으로 가득 차 있다.
그런데 물욕이 이를 가두어버리면 그대로 정체되고 만다.
그러나 생명력이 존재하지 않는 것은 아니니
그 때에는 물욕을 덜어 소통시키면 될 뿐이다.

사람의 마음은 맑은 거울과 같아서
전체가 모두 광명으로 되어 있다.
그런데 습관과 환경에 그름이 묻게 되면 곧 흐려지고 만다.
그러나 밝은 그 본체가 존재하지 않는 것이 아니니
그 때에는 이를 닦아주기만 하면 된다.

人心如穀種, 滿腔都是生意, 物欲錮之而滯矣,
然而生意未嘗不在也, 疏之而已耳;

人心如明鏡, 全體渾是光明, 習染熏之而暗也,
然而明體未嘗不存也, 拭之而已耳.

【穀種】 생명력을 가지고 있는 곡식의 종자.
【生意】 살고자 하는 의지. 생명력.
【錮】 가둠. 꼼짝 못하게 가두어둠.
【習染】 습관이 되거나 주위 환경에 의해 물이 들어 변질됨.《論語》陽貨篇에
 실려 있음.
【熏】 그을음을 타서 때가 묻거나 더러워짐.

1.〈原注〉
○ 惟有內起之賊, 從意根受者不易除, 加之氣拘物蔽, 則表裏夾攻, 更無生意
可留, 明體可覩矣, 是謂喪心之人. 君子惓惓於謹獨, 以此.
2.《論語》陽貨篇
"子曰:「性相近也, 習相遠也.」"

059(2-13)
한가함과 바쁨

과감한 결단력을 가진 사람은 마치 늘 바쁜 듯하지만
마음속에는 항상 여유를 가지고 있다.

하던 대로 하기만을 고집하는 사람은 마치 한가한 듯하지만
마음은 항상 더 바삐 헤매게 된다.

果決人似忙, 心中常有餘閒;
因循人似閒, 心中常有餘忙.

【果決】 과감한 결정이나 결단.
【因循】 보수적으로 이미 있던 일에 만족하여 그대로 따름. 고치거나 개혁하려
들지 않음을 말함.

참고 및 관련 자료

1. 〈原注〉
○ 應事接物, 常覺得心中有從容閒暇時, 纔見涵養. 若應酬時勞擾, 不應酬時
牽掛, 極是喫累的.

060(2-14)
욕심 줄이기

욕심을 줄였기 때문에 고요한 것이며,
주관이 뚜렷하면 마음을 비울 수 있다.

寡欲故靜, 有主則虛.

【寡欲】 '寡慾'과 같음. 욕망을 줄임.
【有主】 主觀을 가지고 있음. 분명한 철학을 가지고 있음.

참고 및 관련 자료

1. 〈原注〉
○ 不爲外物所動之謂靜, 不爲外物所實之謂虛.
○ 呂新吾云:「心要如天平然, 任物之去來, 只是靜虛中正, 何等自在!」

061(2-15)
욕심의 정도

욕심을 부리지 않음을 일러 성聖이라 하고,
욕심을 줄이는 것을 일러 현賢이라 하며,
욕심을 많이 부리는 것을 일러 범凡이라 하고,
욕심을 따라 가는 것을 일러 광狂이라 한다.

無欲之謂聖,
寡欲之謂賢,
多欲之謂凡,
徇欲之謂狂.

【欲】 '欲'과 같음. 욕심.

【徇】 따름. 쫓아감. 죽기를 각오하고 추구함.

> 참고 및 관련 자료

1. 〈原注〉

○ 用力寡之, 斯寡矣, 其治本在敬; 不用力寡之, 則必至於徇, 其病本在怠.

○ 周石藩云:「寡欲極是難事, 蓋必見理親切, 將義命二字守得牢固, 則心地自然明白, 魂夢自然受用, 而欲乃不得而入之. 若心上打掃不淸, 則窮通得喪, 當喫緊之際, 未有不潛移而黙奪者, 此素位不願外之所以難也.」

062(2-16)
다욕과 과욕

사람의 가슴은 욕심이 많으면 좁아지고
욕심을 줄이면 넓어진다.

사람의 심경은 욕심이 많으면 바빠지고
욕심을 줄이면 한가해진다.

사람의 심술은 욕심이 많으면 험악해지고
욕심을 줄이면 화평해진다.

사람의 심사는 욕심이 많으면 근심이 생기고
욕심을 줄이면 즐거워진다.

사람의 심기는 욕심이 많으면 용기를 잃게 되고
욕심을 줄이면 강강해진다.

人之心胸, 多欲則窄, 寡欲則寬;

人之心境, 多欲則忙, 寡欲則閒;

人之心術, 多欲則險, 寡欲則平;

人之心事, 多欲則憂, 寡欲則樂;

人之心氣, 多欲則餒, 寡欲則剛.

【閒】'閑'과 같음. 한가함.
【餒】용기를 잃고 소침해짐. 원래는 '굶주리다'의 뜻.《孟子》公孫丑(上) 참조.
【剛】굳세고 강함. 剛强함.

> 참고 및 관련 자료

1.〈原注〉
○ 須把心頭打疊乾淨, 渾如樓閣在空中, 何等瀟灑自在! 故孟子云:「養心莫善
於寡欲.」
2.《孟子》公孫丑(上)
"行有不慊於心, 則餒也."

063(2-17)
양잠良箴과 대병大病

고요히 침묵을 지키고,
조용히 따르며 삼가고,
자신에게는 엄격하며,
검소하고 절약해야 하는 것,
이 네 가지는 자신에 절실한 잠언이다.

욕심 많이 부리기를 꺼려 하고,
마구 행동하기를 꺼려 하며,
앉아서 온갖 잡념하기를 꺼려 하며,
쓸데없는 데에 힘쓰기를 꺼려 하는 것,
이 네 가지는 자신에게 없애야 할 절실한 큰 병이다.

宜靜黙, 宜從容, 宜謹嚴, 宜儉約, 四者切己良箴;
忌多欲, 忌妄動, 忌坐馳, 忌旁騖, 四者切己大病.

【從容】조용함. 疊韻連綿語가 한국어로 들어오면서 異化現象을 일으킨 어휘.
【儉約】검소히 하고 절약함. 南宋 羅大經의 《鶴林玉露》(11)에 "奢則芒取苟求,
志氣卑辱, 一從儉約, 則於人無求, 於己無愧, 是可以養氣也"라 함.
【良箴】아주 훌륭한 箴言. 箴戒. 規箴.
【忌】꺼리고 미워함. 그런 일이 없도록 자신을 다짐함.
【坐馳】앉아서 내달음. 행동하지 않은 채 앉아서 온갖 상상을 다함을 말함.
잡념이 지극함.《莊子》人間世 구절을 참고할 것.

【旁騖】곁에서 달리. 달리 추구하는 것이 있어서 정당한 것에 전념하지 못함. 쓸데없는 데에 정신을 쏟음.

1.〈原注〉

○ 時時遵此脩持, 則心自凝.

2.《莊子》人間世

"瞻彼闋者, 虛室生白, 吉祥止止. 夫且不止, 是之謂坐馳"라 하였고, 成玄英의 疏에 "苟不能形同槁木, 心若死灰, 則雖儀容端拱, 而精神馳騖, 可謂形坐而心馳者也"라 함.

064(2-18)
항恆과 점漸

늘 자신을 조종하고 항상 존심을 갖는 것에는
'항恆'이란 한 글자가 그 비결이며,

잊지도 않고 급히 서둘지도 않음을 갖는 데는
'점漸'이란 한 글자가 그 비결이다.

常操常存, 得一「恆」字訣;
勿忘勿助, 得一「漸」字訣.

【操】 조련함. 조종함. 자신이 흔들리지 않도록 주관을 가지고 있음.

【恆】 '恒'과 같음. 떳떳함. 언제나 같음.

【訣】 비결.

【勿忘勿助】 잊지도 않고 급히 성취를 바라지도 않음.《孟子》公孫丑(上)을 참조할 것. '勿助'는 '勿助長'과 같은 뜻으로 위에서 말한 '揠苗助長'하지 말 것을 권고하는 말.

【漸】 순리대로 점차 이루어짐.

참고 및 관련 자료

1.《孟子》公孫丑(上)

「敢問何謂浩然之氣?」曰:「難言也. 其爲氣也, 至大至剛; 以直養而無害, 則塞于天地之間. 其爲氣也, 配義與道; 無是, 餒也. 是集義所生者, 非義襲而取之也. 行有不慊於心, 則餒矣. 我故曰:『告子未嘗知義.』以其外之也. 必有事焉而勿正, 心勿忘, 勿助長也. 無若宋人然: 宋人有閔其苗之不長而揠之者, 芒芒然歸. 謂其人曰:『今日病矣, 予助苗長矣.』其子趨而往視之, 苗則槁矣. 天下之不助苗長者寡矣. 以爲無益而舍之者, 不耘苗者也; 助之長者, 揠苗者也. 非徒無益, 而又害之.」

065(2-19)
안정과 평온

본심을 공경을 다해 지켜내면 마음이 안정될 것이요,
기분을 거두어 억제하면 그 기분이 평온해질 것이다.

敬守此心, 則心定;

斂抑其氣, 則氣平.

【此心】 본심.
【斂抑】 노기나 흔들리는 기분을 거두어들이고 억제함.

066(2-20)
성품

사람의 성품에는 일찍이 한 가지도 결핍된 것이 있어본 적이 없고,
사람의 품성에는 다시 한 가지도 더 보탤 것도 없다.

人性中不曾缺一物, 人性上不可添一物.

【人性】 사람이 하늘로부터 얻어 타고난 성품.

067(2-21)
군자와 소인

군자의 마음은 그 작은 것을 더 이상 어떻게 표현할 수 없으나
그 기량은 일세를 적셔주고 덮어줄 수 있다.

소인의 마음은 그 헛되이 큰 것을 더 이상 어쩔 수 없으나
그 지향은 겨우 한 귀퉁이에 얽매어 붙들려 있을 뿐이다.

君子之心不勝其小, 而氣量涵蓋一世;
小人之心不勝其大, 而志意拘守一隅.

【其小】 군자는 흉금이 넓고 시원하여 욕심이 없음. 그 때문에 마음이 작다고
표현한 것.
【不勝】 그 이상 어떻게 할 수 없음. 그 이상 표현할 수 없음.
【涵蓋】 모두를 적실 수 있고 모든 것을 덮어줄 수 있음.
【其大】 소인의 마음은 욕심으로 가득하여 그 마음이 매우 크다고 표현한 것.
【拘守】 묶여서 固守당하고 있음. 한 귀퉁이에 묶여 넓게 퍼지 못함.

068(2-22)
노기와 욕심

노기는 무서운 범이요,
욕심은 깊은 못이다.

怒是猛虎, 欲是深淵.

【猛虎】 제어할 수 없는 무서운 호랑이.
【欲】 慾과 같음.
【深淵】 한 번 빠지면 헤어나올 수 없는 깊은 못.

069(2-23)
분노와 욕망

분노는 불과 같아서 이를 막지 않으면
온 들을 다 태우는 화마火魔가 될 것이며,

욕망은 물과 같아서 이를 막지 않으면
하늘까지 차오르는 홍수가 될 것이다.

忿如火, 不遏則燎原;

欲如水, 不遏則滔天.

【燎原】들불. 온 들을 다 태우는 무서운 화재. 火魔.

【遏】'막다'. '弭', '塞', '窒'의 뜻.

【滔天】그 홍수가 하늘에까지 차오를 정도의 무서운 재앙.

참고 및 관련 자료

1. 〈原注〉

○ 故君子立身, 其大要在乎懲忿窒欲.

070(2-24)
징분질욕

분노를 억제하는 것은 산을 꺾는 것처럼 어렵고,

욕심을 막는 것은 골짜기를 메우는 것만큼이나 힘든 일이다.

그럼에도 분노를 억제하는 것은 화재 속에 사람을 구출해야 하는 것처럼 해야 할 일이며,

욕심을 막는 것은 홍수를 막아야 하는 것처럼 반드시 해야 할 일이다.

懲忿如摧山, 窒欲如塡壑;
懲忿如救火, 窒欲如防水.

【懲忿·窒欲】 분노를 억제하여 극복하는 것과 욕심을 막는 것.《周易》損卦를
  참조할 것.
【摧山】 산을 분질러 꺾음. 매우 어려움을 뜻함.
【塡壑】 구덩이를 막아 평지로 만듦. 역시 매우 어렵다는 뜻.
【救火】 화재가 났을 때 불을 끄고 위험한 자를 구출해 냄.
【防水】 홍수를 막아 재난을 방지함.

　　참고 및 관련 자료

1.〈原注〉
○《集古錄》云:「學者之懲忿窒欲, 卽使八戰八克, 終懼冷灰之復然. 倘其七縱
七擒, 必至狂瀾之橫決, 直須一刀兩斷, 方可澈底澄淸.」
2.《周易》損卦
"君子以懲忿窒欲"이라 하였고, 孔穎達의 疏에 "君子以法此損道懲止忿怒, 窒塞
情欲. 懲者, 息其旣往; 窒者, 閉其將來"라 함.

071(2-25)
마음 다짐

마음이 한번 느슨해지면 만사를 거두어들일 수 없고,
마음이 한번 소홀해지면 만사를 이목에 들여놓을 수 없고,
마음이 한번 집착하면 만사에 자연스러움을 얻을 수 없다.

心一鬆散, 萬事不可收拾;

心一疏忽, 萬事不入耳目;

心一執著, 萬事不得自然.

【鬆散(송산)】아주 느슨하고 헐렁함.
【耳目】남의 말이나 충고, 혹은 성현의 귀한 말씀이 귀에 들어오지도 않고
좋은 일이 눈에 보이지 않음.
【執著】'執着'으로도 표기함.

072(2-26)
착오의 시작과 끝

생각이 한 번 소홀하게 되면 그것이 바로 착오의 시작이며,
생각이 한 번 찢어지게 되면 그것이 바로 착오의 마지막이다.

一念疏忽, 是錯起頭;

一念決裂, 是錯到底.

【錯起頭】착오가 일어나는 緖頭(실마리)가 됨.
【決裂】찢어짐. 비상할 정도로 굳셈. 여기서는 자신의 주장을 꺾지 않고
완강히 버티며 끝까지 감을 말함. 《朱子語類》(6)에 "義之在心, 乃是決裂果
斷者也"라 함.
【到底】끝까지. 도저히 어쩔 수 없는 단계까지 감을 말함.

073(2-27)
마음과 용모

옛날의 학자는 마음에 공부할 내용을 두었기 때문에,
그것이 용모에 나타날 때면 덕이 풍성함과 부합되었다.

오늘날 학자는 용모에 그 공부할 내용을 두고 있기 때문에,
자신의 마음과 상반되면 실질의 덕에 병폐가 되는 것이다.

古之學者在心上做工夫, 故發之容貌, 則爲盛德之符;
今之學者在容貌上做工夫, 故反之於心, 則爲實德之病.

【工夫】 '功夫'로도 쓰며 어떠한 일에 집중을 다하여 노력하거나 힘을 쏟음을
말함.
【實德之病】 실제 덕행을 실천해야 함에도 그렇게 해내지 못하는 병폐.

참고 및 관련 자료

1. 〈原注〉
○ 陳榕門云:「誠於中, 自然形於外; 制乎外, 所以養其中」

074(2-28)
방사放肆와 태홀怠忽

오직 마음에 방사放肆함을 부리지 않아야 곧 과실이 없게 되며,
오직 마음에 태홀怠忽함을 부리지 않아야 뜻이 흐트러지지 않는다.

只是心不放肆, 便無過差;
只是心不怠忽, 便無逸志.

【放肆(방사)】 제멋대로 함. 방종함과 방자함.
【過差】 과실이나 착오. 허물. 과오.
【怠忽(태홀)】 태만하고 소홀함.
【逸志】 욕심대로 방탕하게 행동함. 뜻이 흐트러짐. 明 邵璨의 《香囊記》
　(講學)에 "詩以道性情, 善者可以感發人之善心, 惡者可以懲創人之逸志"라 함.

075(2-29)
역경과 순경

역경에 처했을 때의
마음가짐은 모름지기 개척법開拓法을 사용하고,

순경에 처했을 때의
마음가짐은 의당 수렴법收斂法을 사용하라.

處逆境心, 須用開拓法;
處順境心, 要用收斂法.

【開拓法】 어떤 일을 처음 개척할 때의 결심과 의지.
【收斂法】 마지막 마무리로써 거두어 들여 침잠하고자 하는 심경과 태도.

참고 및 관련 자료

1. 〈原注〉
○ 智慧如鏡, 富貴福澤, 其翳之者也, 困苦艱難, 其磨之者也.
○ 徐曙菴云:「最妙是一箇逆字. 今人處順境, 現成受享, 有何意味! 惟逆, 則艱難險阻中, 陶鍊得幾許事業. 故逆來順受四字, 隨在當有自得處」
○ 薛文淸云:「國以逸欲而亡, 家以逸欲而敗, 身以逸欲而爲昏愚, 爲戕賊, 患無不至. 蓋憂患是天理之行, 震動驚醒, 心膽變換之地; 安樂是人欲之窟, 般樂怠傲, 志溺魂鎖之地. 故孟子云:『生於憂患, 死於安樂.』古語云:『富貴不與驕奢期, 而驕奢至; 驕奢不與死亡期, 而死亡至.』處順境者, 可以知所警矣!」

076(2-30)
세상의 풍상

세상사는 길 풍상風霜은
우리의 마음을 단련하는 환경이요,

세상 인정의 냉난冷煖은
우리의 성품에 참을성을 주는 땅이요,

세상사 전도顚倒는
우리의 행동을 수양하는 자료이다.

世路風霜, 吾人鍊心之境也;
世情冷煖, 吾人忍性之地也;
世事顚倒, 吾人脩行之資也.

【風霜】 세상의 어려운 각종 상황들.
【忍性】 성품에 참을성을 기름.《孟子》告子(下)의 구절.
【顚倒】 엎어지고 뒤집히고 하는 변화와 고통.

<hr>

참고 및 관련 자료

1.《孟子》告子(下)
"天將降大任於是人也, 必先苦其心志, 勞其筋骨, 餓其體膚, 空乏其身, 行拂亂
其所爲, 所以動心忍性, 曾益其所不能."

077(2-31)
절의와 경륜

청천백일과 같은 절의節義는
어두운 방 비 새는 집에서 배양된 것이며,

하늘을 뒤집고 땅을 돌릴 정도의 경륜經綸은
깊은 못, 얇은 얼음 위의 근신하는 속에서 얻어진 힘이다.

靑天白日的節義, 自暗室屋漏中培來;
旋乾轉坤的經綸, 自臨深履薄處得力.

【靑天白日】대낮의 환한 기상. 그 누가 보아도 떳떳한 절의.
【屋漏】'暗室'에 상대되어 '漏屋'이어야 맞음. 비가 새는 집.
【旋乾轉坤】乾坤의 旋轉함. 천하를 마음대로 움직임.《宋史》游似傳에 "人主
一念之烈, 是以旋乾轉坤"이라 함.
【經綸】통치술. 어떤 일을 처리하는 뛰어난 능력.
【臨深履薄】깊은 못 앞에 이르러 두려움을 느껴 조심하며, 얇은 얼음을 밟고
있듯이 조심함. 어떤 일을 매우 신중히 처리함을 말함.《詩經》小雅 小旻에
"戰戰兢兢, 如臨深淵, 如履薄氷"이라 함.

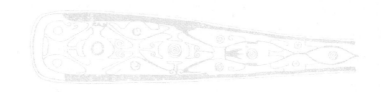

078(2-32)
명예

명예는 굴욕 속에서 빛이 나는 것이요,
덕과 도량은 은인 속에서 더욱 커지는 것이다.

名譽自屈辱中彰, 德量自隱忍中大.

【德量】 덕과 도량.
【隱忍】 자신의 재주는 감추고 고통은 참아냄.

> 참고 및 관련 자료

1. 〈原注〉
○ 尹和靖云:「莫大之禍, 皆起於須臾之不能忍, 不可不謹.」
○ 薛文淸云:「必能忍人不能忍之觸忤, 斯能爲人不能爲之事功.」
○ 又云:「自古大智大勇, 必能忍小恥小忿, 皆是享福德處.」
○ 顔光衷云:「每任天下事, 則是非交集, 非受垢受不祥, 火氣都盡, 未有能休休有容, 沉默濟世者也. 故世間手眼人, 每以忍辱爲第一精進.」

079(2-33)
겸양

겸퇴는 보신의 첫째 방법이요,
안상은 처사의 첫째 방법이며,
함용은 남을 대하는 첫째 방법이요,
쇄탈은 마음 수양의 첫째 방법이니라.

謙退是保身第一法,
安詳是處事第一法,
涵容是待人第一法,
灑脫是養心第一法.

【謙退】겸양. 양보.《史記》樂書에 "君子以謙退爲禮, 以損減爲樂, 樂其如
此也"라 함.
【安詳】남을 편안하게 해주며 자상하게 대해줌.
【涵容】너그러운 관용.
【灑脫(쇄탈)】시원스럽고 탈속한 도량. 사물에 구속되지 않음.

080(2-34)
네 가지 점검

즐거움이 찾아와도 반드시 한번 점검하며,
노함이 찾아와도 반드시 한번 점검하며,
태만하고 게으를 때도 반드시 한번 점검하며,
방종과 방자함이 나타날 때도 반드시 한번 점검하라.

喜來時, 一檢點;

怒來時, 一檢點;

怠惰時, 一檢點;

放肆時, 一檢點.

【檢點】자세히 살펴 자신을 잘 묶음.
【放肆】제멋대로 함. 방종함과 방자함.

참고 및 관련 자료

1. 〈原注〉
○ 劉念臺云:「易喜易怒, 輕言輕動, 只是一種浮氣用事, 此病根最不小. 如今
要將此種浮氣, 覓箇鎖歸案頓處.」
○ 平時養得定了, 自然發而中節.

081(2-35)
여섯 가지 상황

홀로 처할 때는 초연超然히 하고,
남과 함께 할 때는 애연藹然히 하며,
아무 일 없을 때는 징연澄然히 하고,
일이 있을 때는 참연斬然히 하며,
뜻을 얻었을 때는 담연淡然히 하며,
실의에 빠졌을 때는 태연泰然히 하라.

自處超然, 處人藹然,

無事澄然, 有事斬然,

得意淡然, 失意泰然.

【超然】세속을 초탈함.《老子》26장의 구절.
【藹然(애연)】친절하고 따뜻하게 대함. 온화함.
【澄然】澄澈함. 아주 투명하고 깨끗함. 東漢 徐幹《中論》(譴交)에 "故無交遊
之事, 無請托端, 心澄體靜, 恬然自得"이라 함.
【斬然】칼로 끊듯이 과감하며 결단력이 있음.
【淡然】담담함. 격하지 않음. 명리를 부러워하지 않음.

참고 및 관련 자료

1. 〈原注〉
○ 非有盛養者, 不能.

2.《老子》26장

"重爲輕根, 靜爲躁君. 是以聖人終日行不離輜重, 雖有榮觀, 燕處超然."

082(2-36)
네 가지 제압

조용함은 능히 움직임을 제압할 수 있고,
침잠함은 능히 들뜸을 제압할 수 있으며,
관대함은 능히 편협함을 제압할 수 있고,
완만함은 능히 급박함을 제압할 수 있다.

靜能制動,
沉能制浮,
寬能制褊,
緩能制急.

【沉】'沈'과 같음. '浮'에 상대되는 의미.
【褊】褊狹함. 소견이 좁음.

083(2-37)
천지 사이의 맛

천지 사이의 진실한 맛은
오직 조용한 자만이 능히 맛을 알아낼 수 있고,

천지 사이의 진실한 열쇠는
오직 조용한 사람만이 능히 투명하게 볼 수 있다.

天地間眞滋味, 惟靜者能嘗得出;
天地間眞機括, 惟靜者能看得透.

【滋味】맛.
【嘗】'嚐'과 같음. 맛을 보고 느낌.
【機括】고대 弩의 화살을 장전하여 쏘는 기틀. 혹 방아쇠. 열쇠나 가장
중요한 기틀을 뜻함.

참고 및 관련 자료

1. 〈原注〉
○ 燈動則不能照物, 水動則不能鑑物, 性赤然. 動則萬理皆昏, 靜則萬理皆澈.
○ 靜之一字, 十二時離了一刻不得, 纔離使亂了. 門盡日開闔, 樞常靜; 姸媸盡
日往來, 鏡常靜; 人盡日應酬, 心常靜. 惟靜也, 故能主張得動, 若逐動而去,
應事定不分曉. 便是睡時, 此念不靜, 做箇夢兒也胡亂.
○ 人心至活, 倏忽之間, 起滅萬狀, 未有無所事事, 而能懸空守之者. 初入靜者,

不知攝持之法, 必須涵泳聖賢之言, 使義理津津悅心, 方得天機流暢, 斷不可空持硬守也.

084(2-38)
대재大才와 대지大智

재능이 있으면서 성격이 느긋한 사람이라면
정말로 대재大才에 속한다.

지혜가 있으면서 기품이 온화한 사람이라면
이는 대지大智라 할 만하다.

有才而性緩, 定屬大才;
有智而氣和, 斯爲大智.

【斯】 '是', '此'와 같음.
【氣和】 성격이 온화하고 기품이 평화로움.

085(2-39)
세 가지 꺼리는 것

기氣는 성한 것을 꺼려 하고,
마음은 가득 찬 것을 꺼려 하며,
재능은 드러내는 것을 꺼려 한다.

氣忌盛, 心忌滿, 才忌露.

【盛】 너무 풍성하여 곧바로 반응을 보이는 정서. 기운.
【忌滿】 가득 차는 것을 싫어함. '滿則損'의 의미. 겸허해야 함을 말함.
【露】 노출. 너무 겉으로 드러냄.

086(2-40)
쉽게 드러내지 않는 재능

어떤 일을 하는 자는
그 기량이 틀림없이 범상치 않을 것이며,

지혜가 있는 자는
결코 그 재능을 쉽게 드러내지 않는다.

有作用者, 器宇定是不凡;
有智慧者, 才情決然不露

【作用】의도적으로 어떤 일을 하고자 함. '有爲'와 같음.
【器宇】도량. 그릇됨.
【才情】재능의 화려함. 뛰어난 재능.

> 참고 및 관련 자료

1.〈原注〉
○ 口頭有一句語, 定要說出; 胸中有一毫才, 決要露出, 只是量窄. 然因其無量, 卽以卜其無福.

087(2-41)
조급함

의도가 거칠고 성격이 조급하면
아무 일도 이루지 못한다.

마음이 평온하고 기운이 화평하면
온갖 상서로움이 함께 몰려든다.

意粗性躁, 一事無成;
心平氣和, 千祥騈集

【躁】조급함.《論語》季氏篇에 "孔子曰:「侍於君子有三愆: 言未及之而言謂
之躁, 言及之而不言謂之隱, 未見顔色而言謂之瞽.」"라 함.
【騈集】함께 몰려듦. 상서로운 복이 쏟아짐. '並集'과 같음.

1.〈原注〉

○ 衝繁地, 頑鈍人, 拂逆時, 紛雜事, 此中最好養心. 若決裂憤激, 不但無益,
而事卒以僨, 人卒以怨, 我卒以無成, 是謂至愚. 耐得過時, 便有無限受用處.

○ 人性褊急, 則氣盛, 氣盛則心粗, 心粗則神昏. 其處事也, 不能再思; 其與人也,
不能三反; 其治家也 不能百忍, 乘舛謬戾, 可勝言哉!

○ 呂新吾云:「天下之物, 紓徐柔和者多長, 迫切急躁者多短. 人性壽殀禍福,
無不皆然. 褊急者可以思矣.」

○ 呂新吾云:「心平氣和四字, 非有涵養者不能做, 工夫只在箇定火. 火定則百物
兼照, 萬事得理. 若一動火, 則神昏氣亂, 便種種都不濟了.」

○ 又云:「涵養不定底, 惡言到耳, 先思馭氣, 氣平再沒錯著.」

○ 陳榕門云:「定火工夫, 不外以理制欲, 理勝則氣自平矣.」

088(2-42)
세속의 번뇌

세속의 번뇌에 처했을 때는 인내로써 견뎌내고,
세상사 뒤엉킨 곳에서는 한가함으로 이겨내고,
가슴에 맺힌 것이 있을 때는 끊어버리는 것으로 견뎌내고,
환경이 농염한 유혹에 처했을 때는 담담함으로 대처하고,
기분이 분노로 가득할 때는 가라앉히는 것으로 대처하라.

世俗煩惱處, 要耐得下;

世事紛擾處, 要閒得下;

胸懷牽纏處, 要割得下;

境地濃艷處, 要淡得下;

意氣忿怒處, 要降得下.

【得下】 그러한 도리를 얻어 견뎌 내거나 이겨냄. 대처함. 그렇게 해야 함.
의무나 요구를 말할 때의 백화어 표현.
【紛擾】 얽히고설켜 풀어낼 수가 없음.
【牽纏】 꼼짝할 수 없을 정도로 꽁꽁 묶임.
【濃艷】 지나치게 유혹할 정도로 예쁨.
【降】 분노나 기분을 가라앉힘.

089(2-43)
네 가지 기氣

화기和氣로써 사람을 맞이하면 뒤틀림의 재앙이 소멸되고,
정기正氣로써 사물을 대하면 요괴한 기운이 사라지며,
호기浩氣로써 일에 임하면 의심과 두려움이 풀리고,
정기靜氣로써 자신을 양생하면 꿈자리가 편안하다.

以和氣迎人, 則乖沴滅;

以正氣接物, 則妖氣消;

以浩氣臨事, 則疑畏釋;

以靜氣養身, 則夢寐恬.

【乖沴】'괴려'로 읽으며 뒤틀리고 어그러지는 나쁜 상황. 재앙.《漢書》五行志
  (中之上)에 "氣相傷, 謂之沴. 沴猶臨莅, 不和意也"라 함.
【接物】사물을 마주 대함. 사람과의 사귐을 뜻함.
【妖氣】요망한 기운.
【浩氣】浩然之氣.
【疑畏】의혹과 두려움.
【恬】恬淡. 淡泊하여 티끌이 없음. 안정과 고요함. 편안함.

참고 및 관련 자료

1.〈原注〉
○ 非生平有養氣工夫者, 不克語此.
2.《孟子》公孫丑(上)
"我知言, 我善養吾浩然之氣."

090(2-44)
네 가지 드러남

그 사람의 조존操存은
이익과 손해를 만났을 때 볼 수 있고,

그 사람의 정밀한 힘은
주리고 피곤할 때를 만나야 볼 수 있으며,

그 사람의 도량은
즐거운 일, 기쁜 일이 있을 때를 통해 볼 수 있고,

그 사람의 안정감은
크게 놀랐을 때에야 볼 수 있다.

觀操存, 在利害時;
觀精力, 在飢疲時;
觀度量, 在喜怒時;
觀鎭定, 在震驚時.

【操存】 자신의 의지를 조종하여 存心을 지킴. 《孟子》 告子(上)에 "孔子曰:
「操其存, 舍其亡, 出入無時, 莫知其鄕, 惟心枝謂與.」"라 함.
【鎭定】 눌러서 정지시킴.

091(2-45)
큰일 어려운 일

큰일, 어려운 일이 있어야 그 사람의 담당 능력을 알 수 있고,
역경과 순경을 당해보아야 그 사람의 흉금과 도량이 드러나며,

즐거운 일, 화나는 일에 임해보아야 그 사람의 수양 정도를 알 수 있으며,
함께 행하고 함께 그치는 경우를 만나야 그 사람의 식견이 드러난다.

大事難事看擔當, 逆境順境看襟度,
臨喜臨怒看涵養, 群行群止看識見.

【看】 보임. 드러남. 그러한 경우에 알 수 있음.
【擔當】 어떠한 일을 담당할 수 있는가의 여부.
【襟度】 흉금과 도량.
【涵養】 수양의 정도. 자신의 정서를 잘 길러 냄.

092(2-46)
바로잡아야 할 열여덟 가지

경솔함은 의당 진중함으로써 바로잡고,
부화浮華함은 의당 진실함으로써 바로잡고,
편협함은 의당 관대함으로써 바로잡고,
고집스러움은 의당 원만함으로써 바로잡고,
오만함은 의당 겸손함으로써 바로잡고,
제멋대로 함은 의당 삼감으로써 바로잡고,
사치스러움은 의당 검소함으로써 바로잡고,
잔인함은 의당 자애로움으로써 바로잡고,
탐욕스러움은 의당 청렴으로써 바로잡고,
사사로움은 의당 공의公義로써 바로잡아야 한다.

말을 마구 할 때는 마땅히 침묵으로써 바로잡고,
날뛰기를 좋아할 때는 마땅히 진정鎭靜으로써 바로잡고,
조악하고 거칠 때에는 마땅히 세밀함을 가지고 바로잡고,
조급할 때는 마땅히 느슨함으로써 바로잡고,
게으르고 처질 때에는 마땅히 정근精勤으로써 바로잡고,
강포剛暴할 때는 마땅히 온유함으로써 바로잡고,
천박하게 노출될 때는 의당 침잠沈潛으로써 바로잡고,
각박할 때는 의당 혼후渾厚함을 가지고 바로잡아야 하느니라.

輕當矯之以重, 浮當矯之以實,
褊當矯之以寬, 執當矯之以圓,
傲當矯之以謙, 肆當矯之以謹,
奢當矯之以儉, 忍當矯之以慈,
貪當矯之以廉, 私當矯之以公.
放言當矯之以緘黙, 好動當矯之以鎭靜,
粗率當矯之以細密, 躁急當矯之以和緩,
怠惰當矯之以精勤, 剛暴當矯之以溫柔,
淺露當矯之以沉潛, 谿刻當矯之以渾厚.

【褊】편협함. 성격이나 품이 매우 좁음.
【精勤】정성을 다해 부지런히 임함. 《後漢書》 馮勤傳에 "以圖議軍糧, 在事
  精勤, 遂見親識"이라 함.
【谿刻】각박함. 雙聲連綿語.
【渾厚】원만하고 후덕함.

1. 〈原注〉

○ 此變化氣質工夫也.

三. 지궁류持躬類

'지持'는 '자신이 지닌 철학이나 기준을 지켜내다'의 뜻이며, '궁躬'은 '몸소 행동으로써 실천함'을 뜻한다. 공이 있을수록 겸양으로써 지켜내며, 총명할수록 어리석음으로 지켜내되 부귀를 초탈하여 대인으로써의 지조를 굳게 가지고 삶을 바르게 실천할 것을 권유한 내용들이다.

모두 145조로 가장 많은 양을 차지하고 있으며 특히 뒤에 〈섭생攝生〉편을 부가하여 20조를 더 싣고 있다.

〈騎驢歸家圖〉

093(3-1)
지켜 내어야 할 네 가지

총명하고 밝은 지혜가 있더라도
이를 우직함으로 지켜내고,

공이 천하를 덮을지라도
이를 겸양으로 지켜내며,

용기와 힘이 세상에 떨친다 해도
이를 겁으로 지켜내며,

부유함이 사해를 가질 정도라 해도
이를 겸손으로 지켜내어라.

聰明睿知, 守之以愚;
功被天下, 守之以讓;
勇力振世, 守之以怯;
富有四海, 守之以謙.

【聰明】 원래는 귀로 듣고 잘 알아차리는 똑똑함을 '聰'이라 하고, 눈으로
보아 민첩하게 깨닫는 것을 '明'이라 하였으나 이를 묶어 사리에 밝고 영민
(靈敏)함을 뜻하는 말로 쓰임. 《尙書》堯典에 「昔在帝堯, 聰明文思, 光宅
天下」라 하였고, 孔穎達의 疏에 「言聰明者, 據人近驗, 則聽遠爲聰, 見微爲明.

……以耳目之聞見, 喩聖人之智慧, 兼知天下之事」라 함.

【睿知】叡智와 같음. 밝은 지혜. 다른 기록에는 '思知', '聖知'등으로 되어 있음.

┌─────────────────┐
│ 참고 및 관련 자료 │
└─────────────────┘

1.《荀子》宥坐篇

"孔子觀於魯桓公之廟, 有欹器焉. 孔子問於守廟者曰:「此爲何器?」守廟者曰:「此蓋爲宥坐之器」. 孔子曰:「吾聞宥坐之器者, 虛則欹, 中則正, 滿則覆」孔子顧謂弟子曰:「注水焉」弟子挹水而注之, 中而正, 滿而覆, 虛而欹. 孔子喟然而歎曰:「吁, 惡有滿而不覆者哉?」子路曰:「敢問持滿有道乎?」孔子曰:「聰明聖知, 守之以愚; 功被天下, 守之以讓, 勇力撫世, 守之以怯; 富有四海, 守之以謙. 此所謂挹而損之之道也」"

2.《明心寶鑑》存心篇(247)

"子曰:「聰明思睿, 守之以愚; 功被天下, 守之以讓; 勇力振世, 守之以怯; 富有四海, 守之以謙」"

094(3-2)
다투지 말아야 할 다섯 가지

재물을 많이 쌓아둔 사람과 부유함을 다투지 말 것이며,
이록利祿과 공명을 위해 달려가는 사람과 귀함을 다투지 말 것이며,
자신을 자랑하고 뽐내는 사람과 명예를 다투지 말 것이며,
한창 젊은 나이의 사람과 영준英俊함을 다투지 말 것이며,
기세가 등등한 사람과 시비를 다투지 말 것이니라.

不與居積人爭富,

不與進取人爭貴,

不與矜飾人爭名,

不與少年人爭英俊,

不與盛氣人爭是非.

【居積人】 많은 재물을 쌓아놓고 사는 사람. 주로 富豪나 大商을 말함.
【進取人】 벼슬이나 명예, 공명과 利祿을 추구하기 위해 달려나가는 사람.
【矜飾人】 허황한 명예를 좋아하여 자신을 꾸미고 자랑하는 사람.
【盛氣人】 기세가 등등한 사람. 화를 잘 내는 사람.

참고 및 관련 자료

1. 〈原注〉
○ 陳榕門云:「皆退一步想.」
○ 《談古錄》云:「新吾先生五不爭, 其一曰不與盛氣人爭是非. 竊謂, 是非亦
不可不爭, 但彼以盛氣加之, 我以和氣應之可也. 程明道與王安石論新法, 不合,
安石勃然發怒. 明道霽色語之曰:『天下事, 非一人之私議, 願公平心以聽之.』
安石爲之屈服. 此與盛氣人爭是非之法也.」

095(3-3)
부귀와 원망

부귀는 원망의 창고요,
재능은 몸의 재앙이며,
명성은 비방의 중매쟁이요,
환락은 비애의 시작이니라.

富貴, 怨之府也;
才能, 身之災也;
聲名, 謗之媒也;
歡樂, 悲之漸也.

【府】창고. 남의 원망을 쌓아두는 곳간.
【漸】그것을 시작으로 점차 비통함에 빠짐.

참고 및 관련 자료

1. 〈原注〉
○ 只是常有懼心, 退一步做, 見益而思損, 持滿而思溢, 則免於禍.

096(3-4)
네 가지 병

성색聲色에 너무 짙게 빠지면 허겁병虛怯病이 생기며,
재물에 너무 짙게 빠지면 탐도병貪饕病이 생기고,
공명과 업적에 너무 짙게 빠지면 조작병造作病이 생기며,
명예에 너무 집착하여 빠지면 교격병矯激病에 걸린다.

濃於聲色, 生虛怯病;

濃於貨利, 生貪饕病;

濃於功業, 生造作病;

濃於名譽, 生矯激病.

【聲色】歌舞와 여색.《尙書》仲虺之語에 "惟王不邇聲色, 不殖貨利"라 함.
【貪饕(탐도)】아무리 먹어도 끝이 없는 식욕의 짐승. 고대 신화 속의 동물인
　도철(饕餮)을 가리킴.《戰國策》燕策(3)에 "今秦有貪饕之心, 而欲不可足也"
　라 함.
【矯激(교격)】비틀어 조작함. 激은 치우쳐 격동함(偏激)을 말함.

　　　　参고 및 관련 자료

1. 〈原注〉
○ 萬病之毒, 皆生於濃. 吾以一味解之, 曰談. 夫魚見餌不見鉤, 虎見羊不
見阱, 猩猩見酒不見人. 非不見也, 迷於其中, 而不暇顧也. 此心一淡, 則艶冶之物
不能移, 熱鬧之境不能動. 夫能知困窮抑鬱·貧賤輗軻之爲祥, 則可與言道矣.

097(3-5)
사후와 생전

자신의 몸과 마음을 생각해 보라.
이 몸이 나중에 어디에 두게 될 것인가를.

자신의 본래 면목을 돌아보라.
옛날 그 어떤 사람과 같은 유형인가를.

想自己身心, 到後日置之何處;
顧本來面目, 在古時像箇甚人.

【後日】 죽은 뒤의 평가를 말함.
【像】 '같다'의 뜻.
【甚人】 '甚麽人'의 줄인 말. 어떤 유형의 사람.

(참고 및 관련 자료)

1. 〈原注〉
○ 方恪敏公云:「人之爲人宥幾等, 總要爲不可少之人. 若庸庸碌碌, 可有可無, 是謂醉生夢死, 汙穢天壤, 雖富貴, 不足齒數也. 幸生其間者, 不可不知有生之樂, 亦不可不懷虛生之憂.」

098(3-6)
삼재三才와 천고千古

지금 이 한 몸 가벼이 보지 말라.
삼재三才가 이 육척六尺의 이 몸에 들어 있다.

지금 이 삶을 가벼이 보지 말라.
천고千古의 세월이 이 하루에 있다.

莫輕視此身, 三才在此六尺;

莫輕視此生, 千古在此一日.

【此身】이 세상에 나서 살고 있는 육신.
【三才】天地人.《周易》說卦 참조.
【六尺】여섯 자 크기의 이 몸. 혹 七尺으로도 표현함. 唐 李山甫의 〈下第獻
　所知〉 시에 "虛敎六尺受辛苦, 枉把一身憂是非"라 함.
【千古】시간상으로 아주 먼 옛날부터 먼 후일까지.

참고 및 관련 자료

1. 〈原注〉
○ 古語云:「『此身不向今生度, 更向何生度此身?』蓋同此日也, 以之作惡, 則無
窮之禍基於此日; 以之爲善, 則不朽之業亦基於此日. 苟不棄時, 而此心快足,
雖夕死何恨! 不然, 卽百歲亦幸生爾.」

2. 《周易》說卦

"是以立天之道曰陰與陽, 立地之道曰柔與剛, 立人之道曰仁與義. 兼三才而兩之,
故易六畫而成卦."

099(3-7)
죄지은 하루

술 취하고 고기 실컷 먹고 허랑한 웃음에 방자한 큰 소리,
어찌 그 하루 잘못 산 날이 아니겠는가?

경거망동하고 근거 없는 말 떠벌리며 이치에 몽매한 채 욕심대로
하는 날,
어찌 그 하루 죄를 지은 날이 아니겠는가?

醉酒飽肉, 浪笑恣談, 卻不錯過了一日?
妄動胡言, 昧理從欲, 卻不作孽了一日?

【恣談】 방자하게 떠들어댐. 하고 싶은 말을 마구 내뱉음.
【卻】 '豈'와 같음. 반어법에 쓰임.
【胡言】 胡說八道. 근거도 없는 말을 마구 함.
【錯過】 착오와 과실.
【昧理】 도리를 알지 못함. 인의도덕 원리에 어두움. 우매하다는 뜻.
【從欲】 욕심을 따름. 혹 방종한 욕심. '縱慾'과 같음.

【作孽】 재앙을 저지름. 나쁜 행동을 함.《尙書》太甲(中)에 실려 있음. "天作孽, 猶可違; 自作孽, 不可逭"이라 함.

참고 및 관련 자료

1.〈原注〉
○ 無論造孽結怨, 而把彌天蓋地的力量·積慶垂庥的日子, 忙過錯過, 豈不可惜?
2.《尙書》太甲(中)
"天作孽, 猶可違; 自作孽, 不可逭."

100(3-8)
뜻과 도량

옛사람만 못할 것이 무엇이겠는가 하고 도전하는 것을 두고
유지有志라 하고,

같은 시대 사람을 두고 그만 못할 게 무엇인가 하는 것을 두고
도량이 좁은 사람이라 한다.

不讓古人, 是謂有志;
不讓今人, 是謂無量.

【不讓】양보하지 아니함. 옛사람만 못할 것이 무엇이 있겠는가라고 여기며
　자신을 수양함을 뜻함. 《孟子》滕文公(上)에 "顔淵曰:「舜何人也? 予何人也?
　有爲者亦若是.」"라 함.
【無量】도량이 없음. 모자람. 훌륭하지 못함.

101(3-9)
군자와 장부

한결같이 자신을 이기는 것,
군자는 이처럼 조심하는 마음을 갖지 않으면 안 된다.

'내 어찌 저자를 두려워하리오'라는 마음은
장부라면 이런 큰 뜻이 없어서는 안 된다.

一能勝予, 君子不可無此小心;
吾何畏彼, 丈夫不可無此大志.

【小心】근신하고 조심하는 마음.
【吾何畏彼】'내 어찌 저자를 겁내리오?'의 뜻. 《孟子》滕文公(上)에 실려 있음.
【丈夫】《孟子》滕文公(下)을 볼 것.

1. 《孟子》滕文公(上)

"成覸謂齊景公曰:「彼丈夫也, 我丈夫也, 吾何畏彼哉?」顏淵曰:「舜何人也? 予何人也? 有爲者亦若是.」公明儀曰:「文王我師也, 周公豈欺我哉?」"

2. 《孟子》滕文公(下)

"居天下之廣居; 立天下之正位; 行天下之大道. 得志, 與民由之; 不得志, 獨行其道, 富貴不能淫; 貧賤不能移, 威武不能屈. 此之謂大丈夫."

102(3-10)
소인과 군자

소인이 호걸을 엎어뜨리는 것을 괴이하다 여기고 있으나
언제나 남을 쓰러뜨려야 비로소 소인이 됨을 알지 못하고 있다.

군자가 세파에 시달리는 것을 안타깝게 여기고 있으나
시달려야 비로소 군자의 진면목이 드러남을 알지 못하고 있다.

怪小人之顚倒豪杰, 不知慣顚倒方爲小人;
惜君子之受世折磨, 不知惟折磨乃見君子.

【顚倒】 엎어지고 쓰러짐.
【慣】 습관적으로 항상 그러함.

【折磨】꺾이고 마모 당함. 세파에 시달림.
【見君子】군자의 진면목이 드러남.

참고 및 관련 자료

1.〈原注〉

○ 或問:「人遭患難, 是不幸事?」曰:「患難亦是不經事人良藥, 明心鍊性, 通權達變, 正在此處得力. 人生最不幸處, 是偶一失言而禍不及, 偶一失謀而事倖成, 偶一恣行而獲小利, 後乃視爲故常, 恬不爲意, 則敗行喪檢, 莫大之患, 由此生矣」

103(3-11)
좌절을 겪어보아야

한 번의 좌절을 겪어보아야 식견이 그만큼 자라나고,
한 번의 횡역橫逆을 용납해 보아야 기량이 그만큼 증가하고,
그만큼의 경영을 살펴보아야 그만큼의 도의가 많아지고,
그만큼의 양보를 배우고 나야 그만큼의 편함을 얻을 수 있고,
그만큼의 사치를 제거하고 나야 그만큼의 죄과를 덜어낼 수 있고,
그만큼의 자세한 살핌을 더하고 나야 그만큼의 세상 물정을 알 수 있느니라.

經一番挫折, 長一番識見;

容一番橫逆, 增一番器度;

省一分經營, 多一分道義;

學一分退讓, 討一分便宜;

去一分奢侈, 少一分罪過;

加一分體貼, 知一分物情.

【經】경험함. 《明心寶鑑》에 "不經一事, 不長一智"라 함.

【一番】한 번.

【橫逆】잘못 걸려든 재앙이나 고통. 역경. 《孟子》離婁(下)를 볼 것.

【經營】모책을 세워 어떤 일이나 사업을 이끌어나감.

【便宜】유리한 점. 훌륭한 점. 편리함. 백화어. 원래는 '값이 싸다'의 의미. 그러나 여기서는 어떤 일을 편하다고 여겨 그 일을 즐겨하거나 유리하다고 여기는 것.

【體貼】세심하게 체험함. 백화어로는 매우 상냥하고 붙임성이 있는 행동을 뜻함. 《朱子全書》(55)에 "乃知明道先生所謂天理二字, 卻是自家體貼出來者"라 함.

【物情】세상 인심. 세정. 세상 물정. 三國 嵇康의 〈釋私論〉에 "情不繫於所欲, 故能審貴賤而通物情"이라 함.

참고 및 관련 자료

1. 《孟子》離婁(下)

"有人於此, 其待我以橫逆, 則君子必自反也"라 하였고, 趙岐 주에 "橫逆者, 以暴虐之道來加我也"라 함.

104(3-12)
치욕과 재앙

자중하지 못하는 자는 치욕을 뒤집어쓰게 되고,
스스로 두려워하지 않는 자는 재앙을 부르게 되며,

자만하지 않는 자는 이익을 얻게 되고,
자신만 옳다고 하지 않는 자는 널리 듣게 된다.

不自重者取辱, 不自畏者招禍,
不自滿者受益, 不自是者博聞.

【自畏】 스스로 두려워하며 근신함.
【自是】 자신만이 옳다고 여김. 독선적임.《老子》22장에 "不自見, 故明; 不自是,
　故彰; 不自伐, 故有功; 不自矜, 故長"이라 함.
【博聞】 널리 들어 아는 것이 많아짐. 학문을 널리 들어 博學多識해질 수 있음.

105(3-13)
자랑하지 않는 학문

진실한 재능을 가진 자라면
틀림없이 재능을 뽐내지 않을 것이며,

박실한 학문을 가진 자라면
틀림없이 학문을 자랑하지 않을 것이다.

有眞才者, 必不矜才;
有實學者, 必不誇學.

【矜才】 자신이 가진 재능을 자랑하고 뽐냄.
【實學】 진실된 학문. 樸實한 학문.

106(3-14)
세상을 덮을 공로

세상을 덮을 공로를 세웠다 해도
의당 '뽐냄'(矜)이라는 한 글자는 가져서는 안 되거늘,

천하를 덮을 죄악을 저지르고도
'후회'(悔)라는 한 글자를 터득하기는 가장 어렵구나.

蓋世功勞, 當不得一箇矜字;
彌天罪惡, 最難得一箇悔字.

【蓋世】 세상을 덮을 만한 공이나 힘. 項羽의 〈垓下歌〉에 "力拔山兮氣蓋世"
라 함.
【矜】 자랑. 뽐냄. 《尚書》 大禹謨에 "汝惟不矜, 天下莫與汝爭能; 汝惟不伐,
天下莫與汝爭功"이라 함.
【彌天】 천하를 가득 메우고 있음.

107(3-15)
네 가지 유형

죄는 남에게 떠넘기고 공은 자신의 것으로 약탈하는 것,
이는 소인이 하는 짓이다.

자신의 죄는 엄폐하고 자신의 공은 자랑하는 것,
이는 보통 사람의 짓이다.

아름다운 것은 양보하고 공은 그에게 돌려주는 것,
이는 군자의 일이다.

원망은 나누고 허물은 함께 책임을 지는 것,
이는 덕이 풍성한 사람의 일이다.

誣罪掠功, 此小人事;
掩罪誇功, 此衆人事;
讓美歸功, 此君子事;
分怨共過, 此盛德事.

【誣罪(위죄)】죄를 남에게 떠넘김. '誣'는 '핑계대다'의 뜻.
【掩罪】자신의 죄는 엄폐함.
【分怨共過】원망은 나누고 허물은 함께 책임을 짐.

참고 및 관련 자료

1.〈原注〉
○ 陳榕門云:「讓美歸功, 功自易集; 分怨共過, 過亦何傷? 此惟明於大體而存心公恕者, 能之.」

108(3-16)
천하의 이치

자신 한 사람의 선을 이루겠다고
많은 사람의 명예를 훼손하는 일이 없도록 하며,

자신 한 사람의 과실을 엄호하겠다고
천하의 이치를 매몰시키는 일이 없도록 하라.

母毀衆人之名, 以成一己之善;
母沒天下之理, 以護一己之過.

【名】남의 명예.
【理】천하의 公理. 도리. 이치.

> 참고 및 관련 자료

1.〈原注〉
○ 世之人常把好事讓與他人做, 而甘居己於不肖, 又要掠箇好名兒在身上, 而詆
他人爲不肖. 悲夫! 是益其不肖也.
○ 今人有過, 只在文飾彌縫上做工夫, 費盡了無限巧回護, 成就了一箇眞小人.

109(3-17)
가슴을 크게 열고

크게 가슴을 열어 만물을 수용하고,
발은 바르게 디뎌 사람으로서의 품격을 갖추어라.

大著肚皮容物, 立定脚跟做人.

【大著】크게 열어젖힘. 크게 드러냄.
【肚皮(두피)】뱃가죽. 여기서는 가슴이 넓어 도량이 큼을 뜻함.
【脚跟(각근)】발과 뒤꿈치.
【做人】爲人과 같음. 사람됨. 사람으로서의 도리와 품격을 갖춤.

110(3-18)
실질

실질적인 확실한 곳에 발을 디디고,
안정된 곳에 손을 내밀어 착수하라.

實處著脚, 穩處下手.

【實處】실질적이고 실용적이며 확실한 곳.
【著脚】다리를 붙임, 발을 디딤. 발을 밟고 섬.
【穩處】안온하고 온당한 곳.

111(3-19)
궐의호문闕疑好問

독서에는 네 글자가 가장 중요하니
바로 궐의호문闕疑好問이다.

사람됨에 네 글자가 가장 긴요하니
바로 무실내구務實耐久이다.

讀書有四箇字最要緊, 曰闕疑好問;
做人有四箇字最要緊, 曰務實耐久.

【闕疑】의심나거나 자신이 알아낼 수 없는 부분은 그대로 비워둠.《論語》
爲政篇을 볼 것.
【好問】묻기를 좋아함.《論語》公冶長篇을 볼 것.
【務實】허황된 것을 버리고 실질을 숭상하여 실천하기를 힘씀.
【耐久】꾸준히 하여 변함이 없음. 恒心을 지켜 오래도록 견뎌냄.

참고 및 관련 자료

1.《論語》爲政篇
"多聞闕疑, 愼言其餘, 則寡尤."
2.《論語》公冶長篇
"子貢問曰:「孔文子何以謂之『文』也?」子曰:「敏而好學, 不恥下問, 是以謂之
『文』也.」"이라 하였으며, 諡法에 "勤學好問曰文"이라 함.

112(3-20)
절정에서 돌아서라

일은 의당 한창 즐거울 때 변전시켜라.
말은 즐거움에 도달하였을 때 멈추어라.

事當快意處須轉, 言到快意時須住.

【轉】 전환시킴. 그만둠. 거두어들임.
【住】 멈춤. 정지시킴.

───────────────
| 참고 및 관련 자료 |
───────────────

1. 〈原注〉
○ 殃咎之來, 未有不始於快心者. 故君子得意而憂, 逢喜而懼.

113(3-21)
꺼려야 할 세 가지

만물은 모든 것을 이기는 자를 꺼려 하고,
일은 모든 것이 전미全美한 것을 꺼려 하고,
사람은 모든 것이 흥성한 것을 꺼려 한다.

物忌全勝, 事忌全美, 人忌全盛.

【忌】꺼림. 忌憚함.
【全美】모든 것이 완전할 정도로 아름다움. 完美함.

114(3-22)
뒤돌아볼수록 넓어지는 시야

앞으로만 나아가는 자는 그 디딜 땅이 좁아지고,
뒤를 돌아다 볼 수 있는 자에겐 그 시야가 넓어진다.

儘前行者地步窄, 向後看者眼界寬.

【儘】무조건 한 가지 일에만 모든 것을 쏟음.
【地步】걸을 수 있는 땅의 여유.

115(3-23)
되돌려 주어야 할 네 가지

진기한 재능은 여유를 두어 다 쓰지 말고 남겨두었다가
조물주에게 되돌려 주고,

봉록은 여유를 두어 다 쓰지 말고 남겨두었다가
조정에 되돌려 주고,

재물은 여유를 두어 다 쓰지 말고 남겨두었다가
백성에게 되돌려 주고,

복은 여유를 두어 다 쓰지 말고 남겨두었다가
자손에게 물려주라.

留有餘不盡之巧, 以還造化;
留有餘不盡之祿, 以還朝廷;
留有餘不盡之財, 以還百姓;
留有餘不盡之福, 以貽子孫.

【巧】 인간이 해낼 수 있는 교묘한 기능이나 재주.
【造化】 만물을 창도한 대자연. 조화옹. 조물주.
【貽(이)】 물질이나 정신을 남이나 후세에게 넘겨줌. 영향을 끼침.

116(3-24)
복과 노고로움

온 세상 화목함과 평안함의 복이란
단지 인연을 따라 한 것일 뿐이요,

일생 야단스러움에 끌려 다닌 노고로움은
모두가 결국 일 저지르기 좋아한 때문이었다.

四海和平之福, 只是隨緣;
一生牽惹之勞, 總因好事.

【四海】 온 천하. 온 세상.
【隨緣】 인연에 따라 무리하지 아니하고 일을 처리함. 관대함.
【牽惹】 야단스럽고 복잡한 일에 끌려 다님.
【好事】 일을 꾸미거나 저지르기를 좋아함. 호기심이 많아 많은 일에 관심을 가짐.

117(3-25)
비바람 몰아치는 역경

여색과 가무가 유혹하는 곳에서 능히 **빠져나올 수 있어야**
비로소 그의 세상사는 방법의 의지가 드러나는 것이요,

비바람 몰아치는 역경에서 능히 바르게 설 수 있어야
비로소 그의 굳센 입지의 의지를 알 수 있다.

花繁柳密處撥得開, 方見手段;
風狂雨驟時立得定, 纔是脚跟.

【花繁柳密】 꽃이 번화하고 버드나무가 빽빽함. 花柳界를 뜻함. 여자와 술이
유혹하는 곳.
【撥得開】 능히 빠져나올 수 있음.
【手段】 본령, 세상을 살아갈 수 있는지 여부의 의지나 방법.
【風狂雨驟】 비바람이 몰아침. 세상살이의 엄청난 시련과 변화. 그러한 환경을
말함.
【纔】 백화어 '才'와 같음. '비로소, 겨우, 막, ~해야 겨우' 등의 뜻.
【脚跟】 원래는 다리와 발꿈치. 여기서는 세상에 바로 설 수 있는지의 의지에
대한 여부.

─── 참고 및 관련 자료 ───

1. 〈原注〉
○ 不見可欲, 人人都是君子; 一見可欲, 不是滑了脚跟, 便是擺動念頭. 苟非中存有主, 將自己的身家性命體貼一番, 鮮有不墮入魔障者.
○ 先輩詩云:『世上無如人欲險, 幾人到此誤生平.』沉溺者可以驚心回首矣.
○ 人當變故之來, 只宜靜守, 不宜躁動. 卽使萬無解救, 而志正守確, 雖事不可爲,
而心終可白. 否則必至身敗, 而名亦不保, 非所以處變之道.

118(3-26)
남보다 앞서는 자

걸음마다 남보다 앞선 자리를 차지하는 자는
반드시 누군가가 그를 밀쳐낼 것이요,

일마다 다투어 이기는 자는
틀림없이 누군가가 그를 좌절시킬 것이다.

步步占先者, 必有人以擠之;
事事爭勝者, 必有人以挫之.

【擠(제)】 밀쳐냄. 배제함. 밀침.
【有人】 어떤 사람. 누군가.
【挫】 꺾어버림. 좌절시킴.

119(3-27)
개과안분改過安分

능히 허물을 고치면
하늘과 땅도 노하지 않을 것이요,

능히 분수에 만족하면
귀신도 그에게 고통을 내리지 못하리라.

能改過, 則天地不怒;
能安分, 則鬼神無權.

【改過】 허물을 고침.
【無權】 귀신도 그에게 고통을 내릴 권한을 가지고 있지 못함.

参고 및 관련 자료

1. 〈原注〉
○ 王文成公云:「人果能一旦洗滌舊染, 雖昔爲寇盜, 今日亦不害爲君子.」
○ 袁了凡云:「從前種種, 譬如昨日死; 從後種種, 譬如今日生, 可爲悔過者法.」
○ 人能置身靜穩中, 卽鬼神造化, 亦奈何不得.
○ 先輩詩云:『守分身無辱, 知機心自閒.』

120(3-28)
마음대로 누리다가는

언행을 옛사람에게 맞추어 하면
덕이 진보할 것이요,

공명을 하늘의 뜻에 넘겨주면
마음이 편안할 것이며,

인과응보가 자손에게 미칠 것임을 생각하면
일이 공평해질 것이요,

마음대로 누리다가는 질병에 미칠 것임을 염려하면
일상생활이 검소해질 것이다.

言行擬之古人, 則德進;
功名付之天命, 則心閒;
報應念及子孫, 則事平;
受享慮及疾病, 則用儉.

【擬】그것을 근거로 함. 그와 비슷하게 함.
【付】전해줌. 그에게 돌려줌. 전달함. 붙임.
【天命】《尚書》盤庚(上)에 "先王有服, 恪謹天命"이라 함.
【報應】因果應報를 말함.

121(3-29)
지족知足

편안함은 지족知足보다 편한 것이 없고,
위험은 말 많은 것보다 더 위험한 것이 없고,
귀함은 아무 것도 추구함이 없는 것보다 더 귀한 것이 없고,
천함은 욕심을 많이 부리는 것보다 더 천한 것이 없으며,
즐거움은 선을 좋아하는 것보다 더 즐거운 것이 없고,
괴로움은 탐욕을 많이 부리는 것보다 더 괴로운 것이 없고,
장점은 박식한 것보다 더한 장점이 없으며,
단점은 자신을 믿는 것보다 더한 단점이 없고,
명석함은 만물을 체득함보다 더 명석한 것이 없으며,
우매함은 징조에 어두운 것보다 더 우매한 것이 없다.

安莫安於知足, 危莫危於多言,
貴莫貴於無求, 賤莫賤於多欲,
樂莫樂於好善, 苦莫苦於多貪,
長莫長於博識, 短莫短於自恃,
明莫明於體物, 暗莫暗於昧幾.

【多欲】多慾과 같음.
【好善】선행을 쌓기를 좋아함.
【自恃】자신이 위대한 줄로 착각하여 스스로를 믿음.
【體物】사물을 직접 체험하여 그 이치를 터득함.

【幾】기미, 징조, 아직 일이 드러나기 전의 미세한 조짐. 《周易》繫辭(下)에
"幾者, 動之微, 吉凶之先見者也"라 함.

122(3-30)
하늘이 도와주는 여덟 가지

능히 족함을 아는 자에게는
하늘이 그에게 가난함을 주지 않으며,
능히 치욕을 참아내는 자에게는
하늘이 그에게 재앙을 내리지 않으며,

능히 명리를 구하지 않는 자에게는
하늘이 그에게 천함을 내리지 않으며,
능히 형해形骸를 밖으로 여기는 자에게는
하늘이 그에게 병을 내리지 않으며,

능히 삶에 탐욕을 부리지 않는 자에게는
하늘이 그에게 죽음을 내리지 않으며,
능히 만나는 일을 그대로 따르며 편안히 여기는 자에게는
하늘이 그에게 곤핍함을 내리지 않으며,

능히 인재를 찾아 그에게로 향하는 자에게는
하늘이 그에게 외로움을 내리지 않으며,
능히 자신을 천하 후세를 위해 큰일을 담당해내는 자에게는
하늘이 그의 후손을 끊지 않는다.

能知足者, 天不能貧;

能忍辱者, 天不能禍;

能無求者, 天不能賤;

能外形骸者, 天不能病;

能不貪生者, 天不能死;

能隨遇而安者, 天不能困;

能造就人材者, 天不能孤;

能以身任天下後世者, 天不能絕.

【外形骸】 자신의 몸을 남을 위해서 사용함. '形骸'는 肉身. 몸.《莊子》德充
　符를 볼 것.
【隨遇而安】 만나는 경우를 그대로 따르며 편안히 여김.《孟子》盡心(下)을
　볼 것.
【孤】 孤單. 고립.《論語》里仁篇에 "德不孤, 必有隣"이라 함.
【造就】 찾아감. 흠모하여 가까이 함.
【任天下後世】 천하와 후세를 위해 큰 임무를 맡음.《孟子》告子(下)의 "天將
　降大任於是人也, 必先苦其心志, 勞其筋骨, 餓其體膚, 空乏其身, 行拂亂其所爲,
　所以動心忍性, 曾益其所不能"이라 함.

참고 및 관련 자료

1.《莊子》德充符
"申徒嘉曰:「自狀其過, 以不當亡者衆, 不狀其過, 以不當存者寡, 知不可奈何,
而安之若命, 唯有德者能之. 遊於羿之彀中. 中央者, 中地也; 然而不中者, 命也.
人以其全足笑吾不全足者多矣, 我怫然而怒; 而適先生之所, 則廢然而反. 不知
先生之洗我以善邪? 吾與夫子遊十九年矣. 而未嘗知吾兀者也, 今子與我遊於
形骸之內, 而子索我於形骸之外, 不亦過乎!」"

2.《孟子》盡心(下)

"孟子曰:「舜之飯糗茹草也, 若將終身焉; 及其爲天子也, 被袗衣, 鼓琴, 二女果, 若固有之.」"라 하였고, 朱子 集註에 "言聖人之心, 不以貧賤而有慕於外; 不以富貴而有動於中, 隨遇而安, 無預於己, 所性分定故也"라 함.

123(3-31)
천리를 따름

하늘이 나에게 주는 복이 너무 적다면
나는 나의 덕을 더 후하게 쌓아 이를 맞아들이고,

하늘이 나의 육신을 노고롭게 한다면
나는 내 마음을 느긋하게 가져 이를 보충하고,

하늘이 나에게 액을 만나게 한다면
나는 내 도를 형통하게 하여 이를 통달하고,

하늘이 나에게 괴로움으로 환경을 만들어준다면
나는 내 정신을 즐겁게 하여 이를 창통暢通하게 하면 되리라.

天薄我以福, 吾厚吾德以迓之;

天勞我以形, 吾逸吾心以補之;

天厄我以遇, 吾亨吾道以通之;

天苦我以境, 吾樂吾神以暢之.

【迓】迎과 같음. '마중하다. 받아들이다. 맞이하다'의 뜻.
【形】몸, 육체, 신체.
【逸】편안히 함. 느긋하게 마음을 가짐.
【亨】형통함. 唐 元稹의 〈思樂歸〉 시에 "我心終不死, 金石貫以誠. 此誠患不立,
雖困道亦亨"이라 함.
【暢】暢通하게 함. 和暢하게 여겨 즐거움을 삼음.

124(3-32)
결정하는 자

길흉화복吉凶禍福은 하늘이 결정하는 것이며,
훼예여탈毁譽予奪은 남이 결정하는 것이며,
입신행기立身行己는 내가 결정하여 하는 것이다.

吉凶禍福, 是天主張;
毁譽予奪, 是人主張;
立身行己, 是我主張.

【天主張】하늘이 그 상황을 만들어줌을 주장(主掌)함. 하늘에 달려 있음을
말함. 《莊子》 德充符를 볼 것.
【毁譽予奪】훼방과 명예, 주고 빼앗는 것. '予奪'은 '與奪'과 같음.
【人主張】사람들 사이의 사회적인 문제. 남과의 어울려 살아가면서 생기는
문제임. 자신의 의지보다는 사회 환경 속에서 발생하는 문제임.

【立身行己】 사회에서 자신의 위치를 세우고 자신이 판단하여 일을 처리함. 《論語》 公冶長을 볼 것.

【我主張】 내 스스로 결정하는 것임. 나에게 달려 있음.

参고 및 관련 자료

1. 〈原注〉

○ 陳榕門云:「在我者, 勉之; 在人者, 聽之; 在天者, 順以受之而已.」

2. 《莊子》 德充符를 볼 것.

"哀公曰:「何謂才全?」 仲尼曰:「死生存亡, 窮達貧富, 賢與不肖毁譽, 飢渴寒暑, 是事之變, 命之行也; 日夜相代乎前, 而知不能規乎其始者也. 故不足以滑和, 不可入於靈府. 使之和豫通而不失於兌; 使日夜無郤而與物爲春, 是接而生時 於心者也. 是之謂才全.」라 함.

3. 《論語》 公冶長

"子謂子産:「有君子之道四焉: 其行己也恭, 其事上也敬, 其養民也惠, 其使民 也義.」"

125(3-33)
내가 할 일

부귀나 복택을 얻는 일은 하늘이 주관하는 것으로써
내가 해낼 수 있는 것이 아니다.

현인군자가 되고자 하는 것은 내가 주관하는 것으로써
하늘이 해낼 수 있는 것이 아니다.

要得富貴福澤, 天主張, 由不得我;
要做賢人君子, 我主張, 由不得天.

【天主張】하늘이 이를 주관하여 펼쳐줌. 하늘에 달려 있음.
【由不得我】나로 말미암아 해낼 수 있는 일이 아님.

126(3-34)
부귀빈천

부유하다면 능히 베푸는 것을 덕으로 삼고,
가난하다면 구하지 않는 것으로써 덕을 삼고,
귀하다면 남에게 낮추는 것으로써 덕을 삼고,
천하다면 권세를 잊는 것으로써 덕을 삼아라.

富以能施爲德, 貧以無求爲德,
貴以下人爲德, 賤以忘勢爲德.

【無求】구하지 않음. 요구하지 않음. 바라지 않음.
【下人】남보다 아래에 처하여 겸손히 함.《周易》繫辭(上)를 참조 할 것.
【忘勢】권세에 대하여 초연함. 권세 따위는 잊고 살아감.

1. 〈原注〉
○ 陳榕門云:「四語合來, 無非要人重仁義而輕勢利.」
2. 《周易》繫辭(上)을 참조 할 것.
"勞而不伐, 有功不德, 厚之至也, 語以其功下人者也"라 하였고, 孔穎達 疏에
"能以有功卑下於人也"라 함.

127(3-35)
여덟 가지 해야 할 일

체면을 보호하는 것은 염치를 중시하느니만 못하고,
의약을 구하는 것은 성정性情을 보양하느니만 못하며,
당우黨羽를 세우는 것은 신의를 밝게 갖느니만 못하고,
위복威福을 짓는 것은 지성至誠을 돈독히 하느니만 못하며,
말을 많이 하는 것은 은미隱微한 징조에 신중히 하느니만 못하고,
명성을 넓히는 것은 심술心術을 바르게 갖느니만 못하며,
호화豪華로움에 방자히 구는 것은 명교名敎를 즐겁게 여기느니만 못하고,
전택田宅을 넓히는 것은 자녀에게 의방義方을 가르치느니만 못하느니라.

護體面, 不如重廉恥;
求醫藥, 不如養性情;
立黨羽, 不如昭信義;
作威福, 不如篤至誠;

多言說, 不如愼隱微;

博名聲, 不如正心術;

恣豪華, 不如樂名敎;

廣田宅, 不如敎義方.

【黨羽】당을 지어 세력을 키워 아부하도록 함.

【隱微】아직 드러나지는 않았으나 결국 드러나게 될 징조, 조짐.

【心術】마음 씀씀이. 내심.

【名敎】正名으로써 가르치는 禮敎. 晉 袁宏의 《後漢書》獻帝紀에 "夫君臣 父子, 名敎之本也"라 함.

【田宅】농지와 저택.

【義方】家庭敎育의 다른 말. 의롭고 방정함. 세상을 살아가는 바른 도리와 규범.

> 참고 및 관련 자료

1. 《左傳》隱公 3년

"石碏諫曰:「臣聞: 愛子, 敎之以義方, 不納於邪.」"

2. 《幼學瓊林》(263)

"菽水承歡, 貧士養親之樂; 義方是訓, 父親敎子之嚴."

128(3-36)
허물 고치기를

스스로 공경스럽게 행동하고,
자신의 잘못을 책함에는 엄격하게 하되,
남과의 사귐에는 화목하게 하며,
마음을 세움에는 바르게 하고,
도道로 나감에는 용감하게 하라.

친구를 가려 사귐으로써 유익함을 구하고,
허물을 고침으로써 자신을 온전히 하라.

行己恭,
責躬厚,
接衆和,
立心正,
進道勇.
擇友以求益,
改過以全身.

【擇友】 친구를 선택하여 사귐.
【全身】 자신을 온전히 함.

1. 〈原注〉
○ 劉念臺云:「改過一法, 是聖賢獨步工夫, 層層剝換, 不登巔造極不已. 常人恥聞過, 卒歸下流. 悲夫!」
2. 《詩經》王風 君子陽陽 序
"君子遭亂, 相招爲祿仕, 全身遠害而已."

129(3-37)
한 사람 일생

경敬이란 천년을 두고 성인이 그를 진리로 여겨 주고받은 것이며,
신愼이란 한 사람 일생에 세상을 일깨워주는 긴요한 열쇠로다.

敬爲千聖授受眞源, 愼乃百年提撕緊鑰.

【千聖】천년 이래의 성인.
【眞源】본원. 본성. 眞諦. 진리.
【百年】사람의 한 일생.
【提撕】잡아당김. 혹 깨닫게 해줌. 일깨워줌. 敎導함. 《顔氏家訓》序致에 "吾今所以復爲此者, 非敢軌物範世也, 業以整齊門內, 提撕子孫"이라 함.
【緊鑰】아주 단단히 잠긴 자물쇠를 푸는 열쇠. 긴요한 열쇠.

130(3-38)
바다와 봄기운

도량은 마치 바다나 봄기운 같이 가지며,
남을 응대함에는 행운유수行雲流水와 같이 막힘이 없이 하라.

지조를 보존함은 마치 청천백일靑天白日처럼 환하게 하고,
위의威儀는 마치 단봉丹鳳이나 기린처럼 하라.

말과 논의는 마치 종이나 석경을 두드리듯 맑게 하고,
지신持身은 마치 깨끗한 옥, 얼음 같은 청량함을 갖도록 하라.

흉회胸懷에는 마치 밝은 햇빛, 비 갠 뒤의 달과 같은 깨끗함을 품고,
기개氣槪는 마치 태산 교악喬嶽처럼 든든하게 가질지니라.

度量如海涵春育, 應接如流水行雲,
操存如靑天白日, 威儀如丹鳳祥麟,
言論如敲金戛石, 持身如玉潔冰淸,
襟抱如光風霽月, 氣槪如喬嶽泰山.

【海涵】海納百川과 같음. 秦 李斯의 〈上秦皇逐客書〉에 "太山不辭土壤, 故能
　成其大; 河海不納細流, 故能就其深"이라 함.
【春育】봄기운이 만물을 자라게 함. 이상 두 구절은 《藝文類聚》(46)에 인용
　된 南朝 梁나라 王僧孺의 〈爲臨川王讓太尉表〉에 "陛下海涵春育, 日鏡雲升,

追大道之無私”에서 비롯되었음. 鄧石如의 對聯에 “春風大雅能容物, 秋水文章不染塵”이라 함.

【流水行雲】行雲流水와 같음. 떠도는 구름처럼 흐르는 물처럼 막힘이 없음을 말함. 원래 불교 승려들의 구속됨이 없는 수도 생활 방법 중의 하나임.

【操存】절조를 견지함.《孟子》告子(上)에 “故苟得其養, 無物不長; 苟失其養, 無物不消. 孔子曰:「操則存, 舍則亡; 出入無時, 莫知其鄕」惟心之謂與!”라 함.

【丹鳳祥麟】이마가 붉은 봉황과 상서로운 기린. 고대 福祥을 가져온다고 믿었던 상서로운 동물.

【敲金戛石】‘金’은 금속악기인 鐘. ‘石’은 石磬. 악기를 연주함. ‘알(戛)’은 ‘擊’과 같은 뜻임. ‘敲金擊玉, 敲金擊石’등으로도 표현함.

【光風霽月】비 갠 뒤의 달과 아름다운 풍광. 여기서는 품격이 깨끗하고 격조가 높음을 말함.

【喬嶽】높은 산. 구체적으로 태산을 가리키기도 함.《詩經》周頌 時邁에 “懷柔百神, 及河喬嶽”이라 하였고, 毛傳에 “喬, 高也. 高嶽, 岱宗也”라 함.

131(3-39)
대장부의 기개

바다가 넓으니 물고기가 마음대로 뛰어 오르고,
하늘이 비었으니 새들이 마음 놓고 날아간다.
대장부가 아니면 능히 이러한 도량을 가질 수 없다.

천길 산에서 옷을 벗어 털고
만리 흐르는 물에 발을 씻는다.
대장부가 아니면 능히 이러한 기개를 가질 수 없다.

진주는 깊은 못에 잠겨 있어도 스스로 그 아름다움이 있고,
옥은 산에 묻혀 있어도 그 빛을 머금고 있다.
대장부가 아니라면 능히 이러한 온자蘊藉함을 지닐 수 없다.

달이 오동나무 위로 떠오르고
바람이 버드나무 곁을 지나도다.
대장부가 아니면 능히 이러한 금회襟懷를 가질 수 없다.

海闊從魚躍, 天空任鳥飛, 非大丈夫不能有此度量;
振衣千仞岡, 濯足萬里流, 非大丈夫不能有此氣節;
珠藏澤自媚, 玉韞山含輝, 非大丈夫不能有此蘊藉;
月到梧桐上, 風來楊柳邊, 非大丈夫不能有此襟懷.

【海闊魚躍】《詩話總龜》(前集 30)에 인용된 《古今詩話》에 "大曆末禪僧元覽題
詩於竹曰:「大海從魚躍, 長空任鳥飛」"라 함.
【大丈夫】《孟子》滕文公(下)에 "居天下之廣居; 立天下之正位; 行天下之大道.
得志, 與民由之; 不得志, 獨行其道, 富貴不能淫; 貧賤不能移, 威武不能屈.
此之謂大丈夫"라 함.
【振衣·濯足】목욕을 한 후 옷을 털고 입음. 屈原의 〈漁父辭〉 "新沐者必彈
冠, 新浴者必振衣. ……滄浪之水淸兮, 可以濯吾纓; 滄浪之水濁兮, 可以濯吾
足"이라 함.
【珠藏澤自媚】진주가 깊은 못에 잠겨 있어도 스스로 그 아름다움을 가지고
있음.
【玉韞山含輝】옥이 산에 묻혀 있어도 휘황한 빛은 그대로 머금고 있음.
《論語》子罕篇에 "子貢曰:「有美玉於斯, 韞匵而藏諸? 求善賈而沽諸?」子
曰:「沽之哉! 沽之哉! 我待賈者也.」"라 함.
【蘊藉】스스로 숨기면서 자신의 가치를 믿고 있음.
【襟懷】胸懷, 懷抱. 情緒. 감각적인 분위기.

132(3-40)
초야草野와 조정

초야에 묻혀 사는 때에는
자신의 몸을 작다고 여겨서는 안 되며,

조정에 큰일을 할 때는
자신이 위대한 존재라고 여겨서는 안 된다.

處草野之日, 不可將此身看得小;
居廊廟之日, 不可將此身看得大.

【草野】 벼슬 없이 가난하게 사는 선비의 생활. 朝廷이나 廊廟의 상대되는 말.
　王充《論衡》書解에 "知屋滿者在宇下, 知失政者在草野, 知經課者在諸子"라 함.
【看得】 '~라고 간주하다'의 뜻.
【廊廟】 조정. 조정의 회랑과 종묘. 국가의 대사를 결정하는 곳. 높은 벼슬을
　뜻함.《國語》越語(下)에 "謀之廊廟, 失之中原, 其可乎? 王姑勿許也"라 함.

133(3-41)
세속에서의 천박함

단지 세속의 천박한 생각이
한 사람의 일생을 그르치게 하고,

단지 세속에 휩쓸린 한 쌍의 눈동자가
사람의 일생을 뒤틀리게 한다.

只一箇俗念頭, 錯做了一生人;
只一雙俗眼睛, 錯認了一生人.

【念頭】 생각. 俗念頭는 속세의 생각. 공명과 부귀를 바라는 마음.
【眼睛】 눈동자. 俗眼睛은 속세의 명리나 권세를 추구하는 천박한 시각.

> 참고 및 관련 자료

1. 〈原注〉
○ 陳榕門云:「語云:『凡病皆可醫. 惟俗不可醫.』正謂此也.」

134(3-42)
네 가지 다짐

마음에 망념妄念이 없고,
몸에는 망동妄動이 없으며,
입에는 망언妄言이 없는 것,
군자가 존성存誠해야 할 덕목이다.

안으로 자신을 속이지 아니하고,
밖으로 남을 속이지 아니하며,
위로 하늘을 속이지 않는 것,
군자가 신독愼獨해야 할 덕목이다.

부모에게 부끄럽지 아니하고,
형제에게 부끄럽지 아니하며,
처자에게 부끄럽지 않도록 하는 것,
군자가 의가宜家해야 할 덕목이다.

나라에 짐이 되지 아니하고,
백성에게 짐이 되지 아니하며,
배운 바에 짐이 되지 아니하는 것,
군자가 용세用世하게 되는 덕목이다.

心不妄念, 身不妄動, 口不妄言, 君子所以存誠;
內不欺己, 外不欺人, 上不欺天, 君子所以愼獨.

不愧父母, 不愧兄弟, 不愧妻子, 君子所以宜家;
不負國家, 不負生民, 不負所學, 君子所以用世.

【存誠】정성을 보존함.《周易》乾卦 참조.
【愼獨】홀로 있을 때 더욱 삼감.《大學》6장 참조.
【宜家】가정을 화목하게 이끌어감.《詩經》周南 桃夭 참조.
【負】부담이 됨. 짐이 됨. 잘못됨. 죄를 지음.
【生民】백성.《尙書》畢命에 "道治政治, 澤潤生民"이라 함.
【用世】세상에 쓰임. 세상에 소용이 닿음. 관직을 얻어 훌륭한 정치를 실현함.

참고 및 관련 자료

1.《周易》乾卦
"庸言之信, 庸行之謹, 閑邪存其誠"이라 하였고, 孔穎達의 疏에 "言防閑邪惡,
當自存其誠實也"라 함.

2.《大學》6장
"所謂誠其意者: 毋自欺也, 如惡惡臭, 如好好色, 此之謂自謙. 故君子必愼其
獨也! 小人閒居爲不善, 無所不至, 見君子而后厭然, 揜其不善, 而著其善. 人之
視己, 如見其肺肝然, 則何益矣? 此謂誠於中, 形於外. 故君子必愼其獨也."

3.《詩經》周南 桃夭
"桃之夭夭, 灼灼其華. 之子于歸, 宜其室家. 桃之夭夭, 有蕡其實. 之子于歸, 宜其
家室. 桃之夭夭, 其葉蓁蓁. 之子于歸, 宜其家人"이라 하였고, 朱熹의〈集傳〉에
"宜者, 和順之意. 室者, 夫婦所居; 家, 謂一門之內"라 함.

135(3-43)
내 몸과 외물

하늘로부터 받은 천성으로 말하면
부자 형제는 물론 천지만물도 모두 나와 한 몸이다.
그러니 어찌 나와 다른 물건이 있을 수 있겠는가?
이러한 믿음을 미루어나간다면 마음이 시원하게 확 트일 것이다.

나를 괴롭히는 외물外物로 말한다면
부귀공명은 물론이요 내 몸의 사지와 온갖 골절도 역시 몸의 껍질일
뿐이다.
그러니 어찌 나라는 것이 있을 수 있겠는가?
이러한 믿음을 미루어나간다면 세상맛이 담담해질 것이다.

以性分言, 無論父子兄弟,
則天地萬物, 皆一體耳, 何物非我?
於此信得及, 則心體廓然矣;
以外物言, 無論功名富貴,
則四肢百骸, 亦軀殼耳, 何物是我?
於此信得及, 則世味淡然矣.

【性分】천성의 분량과 분수. 하늘로부터 타고난 천성은 모든 만물이 같다고
본 것임.

【一體】《儀禮》喪服에 "父子, 一體也; 夫婦, 一體也; 昆弟, 一體也"라 함.

【心體】마음. 사상. 생각. 明 王守仁의 《傳習錄》에 "先生嘗語學者曰: 心體上着不得一念留滯, 就如眼着不得些子塵沙"라 함.

【外物】내 몸 밖의 모든 물질과 상황. 흔히 나를 괴롭히고 타락시키는 것으로 보았음.

【百骸】온갖 뼈. 육체를 말함. 《莊子》齊物論 참조.

참고 및 관련 자료

1. 《菜根譚》(104)

"以幻迹言, 無論功名富貴, 即肢體亦屬委形; 以眞境言, 無論父母兄弟, 即萬物皆吾一體. 人能看得破, 認得眞, 纔可任天下之負擔; 亦可脫世間之韁鎖."

2. 南朝 梁 沈約의 〈述僧中食論〉

"心神所以昏惑, 由於外物擾之. 擾之大者, 其事有三: 一則勢利榮名, 二則妖妍靡曼, 三則甘脂肥濃."

3. 《莊子》齊物論

"百骸·九竅·六藏, 賅而存焉, 吾誰與爲親?"이라 하였고, 成玄英의 疏에 "百賅, 百骨節也"라 함.

136(3-44)
공명부귀와 도덕문장

천지에 보탬이 되는 것을 일러 공功이라 하고,
세상 교화와 관련이 있는 것을 일러 명名이라 하며,
학문이 있음을 일러 부富라 하고,
염치가 있음을 일러 귀貴라 한다.

이러한 것을 일러 공명부귀功名富貴라 하는 것이다.

아무 작위도 없음을 일러 도道라 하고,

욕심이 없음을 일러 덕德이라 하며,

비루함을 배우지 않는 것을 일러 문文이라 하고,

애매한 일이 가까이 하지 않음을 일러 장章이라 한다.

이러한 것을 일러 도덕문장道德文章이라 하는 것이다.

有補於天地曰功, 有關於世敎曰名;

有學問曰富, 有廉恥曰貴, 是謂功名富貴;

無爲曰道, 無欲曰德, 無習於鄙陋曰文,

無近於曖昧曰章, 是謂道德文章.

【世敎】 세상에 교화가 되는 일들. 고대 학자들의 전적이나 가르침을 말함.
三國 魏 嵇康의 〈與山巨源絕交書〉에 "又每非湯武而薄周孔, 在人間不止, 此事
會顯, 世敎所不容"이라 함.
【曖昧】 밝지 못하고 희미함. 疊韻連綿語.

137(3-45)
곤욕과 영리

곤욕이 근심거리가 아니라

곤욕을 스스로 가져오는 것이 근심거리이다.

영리가 즐거운 것이 아니라
그 영리를 잊어버리는 것이 즐거운 것이다.

困辱非憂, 取困辱爲憂;
榮利非樂, 忘營利爲樂.

【困辱】 곤궁함과 모욕.《戰國策》秦策(3)에 "大夫種事越王, 主離困窘, 悉忠
而不解"라 함.
【榮利】 榮華와 利益. 현달함을 말함.《呂氏春秋》用民篇 참조.

┌─────────────────┐
│ 참고 및 관련 자료 │
└─────────────────┘

1. 〈原注〉
○ 自君子觀之: 人欲是極苦的, 天理是極甛的, 小人反是. 故從欲則如附羶,
從理則若嚼蠟.
2.《呂氏春秋》用民篇
"爲民綱紀者何也? 欲也; 惡也. 何欲何惡? 欲榮利, 惡辱害."

138(3-46)
맑고 진실함

와자지껄한 영화의 한 바탕은
한 번 지나가면 곧 처량함이 생기고,

맑고 진실 된 냉담함은
오래 갈수록 더욱 의미가 새롭다.

熱鬧榮華之境, 一過輒生凄凉;
清眞冷淡之爲, 歷久愈有意味.

【熱鬧】 백화어. 시끄럽고 왁자지껄함. 번화함. 사람이 많이 모여듦을 말함.
【輒】 문득. 곧바로.
【清眞】 맑고 진실함. 자연 그대로의 상태.《世說新語》賞譽篇에 "清眞寡欲,
萬物不能移也"라 함.

참고 및 관련 자료

1.〈原注〉
○ 潘少白云:「至理所在, 入其中則樂見. 若外飾之事, 初見絢然, 入其中則索然.
眞見道之言也.」
2.《菜根譚》(280)
"熱鬧中, 着一冷眼, 便省許多苦心思; 冷落處, 存一熱心, 便得許多眞趣味."

139(3-47)
의취와 언동

마음과 뜻은 괴로움을 마다 않고 수련할 것이며,
의취意趣는 즐거움을 갖도록 하고,

기품과 도량은 크게 가질 것이며,
말과 행동은 신중함을 가질 것이니라.

心志要苦, 意趣要樂,
氣度要宏, 言動要謹.

【心志苦】 괴롭고 힘든 것을 마다하지 않고 수련함. 이는《孟子》告子(下)의
"天將降大任於是人也, 必先苦其心志, 勞其筋骨, 餓其體膚, 空乏其身, 行拂亂
其所爲, 所以動心忍性, 曾益其所不能"의 뜻을 연역한 것임.
【氣度】 기품과 도량.
【言動】 말과 행동.

140(3-48)
심술, 용모, 언어

마음 씀씀이는 광명하고 독실하게 함이 제일이요,
용모는 정대하고 안정감 있게 함이 제일이며,
언어는 간단하면서도 신중하고 진실되고 절실하게 함이 제일이니라.

心術以光明篤實爲第一,
容貌以正大老成爲第一,
言語以簡重眞切爲第一.

【篤實】돈독하고 충실함.《周易》大畜에 "大畜剛健, 篤實輝光, 日新其德"이라 함.

【心術】마음을 쓰는 유형. 마음속으로 온갖 모책을 꾸밈.

【老成】노숙함. 안정감이 있음.

【簡重】간결하면서도 신중함. 정중함.

참고 및 관련 자료

1. 〈原注〉

○ 陳榕門云:「三者工夫, 原是一串, 其效驗亦是一串, 絲毫假借不得.」

141(3-49)
심신에 무익한 것들

심신에 무익한 말을 내뱉지 말고,
심신에 무익한 일을 하지 말며,
심신에 무익한 사람을 가까이 하지 말고,
심신에 무익한 곳에 들어가지 말며,
심신에 무익한 책을 펴지 말라.

勿吐無益身心之語,

勿爲無益身心之事,

勿近無益身心之人,

勿入無益身心之境,
勿展無益身心之書.

【吐】말을 뱉어냄.
【身心】심신과 같음. 몸과 마음.
【境】환경, 그러한 곳.

참고 및 관련 자료

1. 〈原注〉
○ 田靜持云:「凡看理學之書與養生之說, 皆有切於日用, 有助於性靈, 不可作
等閒看過. 若冗屑書帙, 無益性靈, 徒損心目, 不若閒觀山水之爲得也.」

142(3-50)
안타까움

이 삶에서 배우지 않음이 첫 번째 안타까움이요,
이 날에 한가히 보냄이 두 번째 안타까움이요,
이 몸에 한 번 실패함이 세 번째 안타까움이로다.

此生不學一可惜,
此日閒過二可惜,
此身一敗三可惜.

【閒過】'閑過'와 같음. 아무 일 없이 하루를 허송함.
【一敗】아차 한 번 실수로 명성이나 도덕에 그릇된 일을 함. 실수함.

1. 〈原注〉
○『少年不努力, 老大徒悲傷』, 良可浩歎.
○ 呂新吾云:「只竟夕檢點, 今日說得幾句話, 關係身心; 行得幾件事, 有益世道. 自謙自愧, 自恍然獨覺矣. 人能內反至此, 決不虛度一生.」
○ 呂新吾云:「少年要想我現在幹得甚麼事, 到頭成箇甚麼人, 便有許多恨心, 許多愧汗, 如何放得自家過?」

143(3-51)
군자가 중시하는 것

군자의 가슴에 담고 있는 상체常體는
인정이 아니라 천리天理요,

군자의 입에 달고 있는 상도常道는
인륜이 아니라 세교世教이며,

군자의 몸에 가지고 사는 상행常行은
규구規矩가 아니라 준승準繩이다.

君子胸中所常體, 不是人情是天理;

君子口中所常道, 不是人倫是世教;

君子身中所常行, 不是規矩是準繩.

【常體】 '恒體'와 같음. 항상 떳떳하게 가지고 있는 생각이나 철리.

【天理】 원도. 하늘의 섭리. 仁義禮智信의 덕목. 朱熹의 〈答何叔京〉(28)에 "天理
只是仁義禮智之總名, 仁義禮智便是天理之件數"라 함.

【人倫】 三綱五倫 등 인간이 지켜야 할 덕목. 이것보다 더 세교를 중시한다는
뜻임.

【世教】 세상에 교화가 되는 일들. 고대 학자들의 전적이나 가르침을 말함.
三國 魏 嵇康의 〈與山巨源絶交書〉에 "又每非湯武而薄周孔, 在人間不止, 此事
會顯, 世教所不容"이라 함.

【規矩】 법칙. 기준이 되는 척도. 법도. 바른 도리. 規는 圓尺, 그림쇠. 矩는
曲尺, 곱자. 뒤에 어떤 일의 가장 중요한 법칙을 뜻하는 말로 쓰임. 《史記》
禮書에 "人道經緯萬端, 規矩無所不貫, 誘進以仁義, 束縛以刑罰"이라 함.

【準繩】 먹줄. 사물을 직선으로 바로잡는 원칙. 규구보다 준승을 더 중시
한다는 뜻임.

(참고 및 관련 자료)

1. 〈原注〉

○ 且莫論身體力行, 只聽隨在聚談間, 曾有幾箇說天下國家, 身心性命, 正經
道理? 終日曉曉剌剌, 滿口都是閒談亂語. 吾輩試一猛省, 士君子在天地間, 可否
如此度日? 一入儒者之門, 自當從言規行矩始.

144(3-52)
내할 나름

죄를 하늘의 조화에 떠넘기지 말라.
일체 모든 것은 사람의 일이라 여겨 책임져라.

세상살이에서 지나친 기대는 갖지 말라.
일체 모든 것이 내 할 나름이니라.

休諉罪於氣化, 一切責之人事;
休過望於世間, 一切求之我身.

【休】'하지 말라, 그쳐라'의 금지 명령어에 쓰이는 부사.
【諉罪】죄를 남에게 떠넘김. '諉'는 '핑계대다'의 뜻.
【氣化】우주 만물의 작용. 하늘의 뜻. 음양의 기가 변화하여 만물을 생성하는
  작용. 張載의《正蒙》(太和)에 "由太虛, 有天地之名; 由氣化, 有道之名"이라 함.
【責人之事】사람의 일이라 책임을 지움.《南史》虞寄傳에 "匪獨天時, 亦由
  人事"라 함.

참고 및 관련 자료

1. 〈原注〉
○ 陳榕門云:「亟亟於所當盡, 而不役役於所不可知也.」

145(3-53)
내 탓

스스로 내 탓이오 하는 것 외에는
남을 이길 수 있는 기술이란 없다.

스스로 강해지는 것 외에는
남보다 위에 설 수 있는 방법이란 없다.

自責之外, 無勝人之術;
自强之外, 無上人之術.

【自責】 스스로 책임을 짐. 남과 다툼에 '내 탓이요'라고 인정함.
【上人】 지위나 위치가 남보다 위에 있음.

참고 및 관련 자료

1. 〈原注〉
○ 其勝人·上人之本領, 正於其自責·自强處見之.

146(3-54)
해서는 안 될 말

책이라면 내 일찍이 읽지 않은 것이 있겠지만,
일에 있어서는 남에게 해서는 안 될 말을 한 적이 없다.

書有未曾經我讀, 事無不可對人言.

【不可對人言】남에게 해서는 안 되는 말. 이는 본래《宋史》司馬光傳에 실려
있는 말로 사마광이 "吾無過人者, 但平生所爲, 未嘗有不可對人言者耳"라 함.

참고 및 관련 자료

1. 〈原注〉
○ 平生無一事可瞞人, 此是大快樂.
2.《十八史略》
"光嘗語晁無咎曰:「吾無過人, 但平生所爲, 未嘗不可對人言者耳」劉安世問光:
一言可以終身行之者, 光曰:「其誠乎!」安世問其所從入, 曰:「自不妄語入.」"

147(3-55)
출발점은 공경

집안의 사사로운 일도 가히 밖으로 알려질 수 있다.

그런 뒤에야 군자가 그 집안을 어떻게 다스리는지 그 예법을 알 수 있다.

가까워 허물없는 사람에게는 공경을 출발점으로 삼아야 한다.

그러한 연후에야 군자가 자신을 어떻게 수양하는지 그 법도를 알 수 있다.

閨門之事可傳, 而後知君子之家法矣;
近習之人起敬, 而後知君子之身法矣.

【閨門】 안방. 여기서는 집안에서 일어나는 사사로운 일들.
【家法】 집안에서의 예법. 집안을 다스려나가는 법도.
【近習】 가깝고 친하여 늘 익숙한 사람.
【起敬】 공경을 출발점으로 삼음. 起는 '시작하다, 출발하다'의 뜻.
【身法】 자신의 수양하고 덕을 키우는 방법.

참고 및 관련 자료

1. 〈原注〉
○ 其作用處, 只是'毋不敬'.

148(3-56)
책이름과 격언

집 안에 희희덕거리는 웃음소리나 꾸짖고 욕하는 소리가 적게 들린다면
그 집안의 법도를 가히 알 수 있다.

자리 오른 쪽에 두루 책이름과 격언을 적어놓았다면
그로써 그가 지향하는 바와 취향이 무엇인지 알 수 있다.

門內罕聞嬉笑怒罵, 其家範可知;
座右徧書名論格言, 其志趣可想.

【嬉笑怒罵】 희희덕거리며 웃고 화내고 꾸짖고 함.
【家範】 집안의 법도. 가정 규범. 《舊唐書》 崔珙傳에 "禮樂二事, 以身爲文;
　仁義五常, 自成家範"이라 함.
【座右】 좌우명. 원래 欹器에서 나온 말. 《荀子》 宥坐篇과 《說苑》(敬愼), 《韓詩
　外傳》(3), 《淮南子》(道應訓), 《孔子家語》(三恕) 등에 널리 실려 있음.
【格言】 격식을 갖추어 짧게 표현한 警句.

참고 및 관련 자료

1. 〈原注〉
○ 朱子云:「聖賢之言, 常將眼頭過, 口頭轉, 心頭運.」
○ 袁了凡云:「凡人居家, 几案上須有勸善書, 或先賢格言一冊, 俾朝夕翻閱.
可以收攝身心, 擴充善念, 獲益不淺, 而於敎子弟輩, 尤爲要緊.」

○ 程子云:「古時之人, 自能食·能言而敎之. 是故大學之法, 以豫爲善. 蓋幼年心性未定, 卻以先入之言爲主, 爲父兄師長者, 則當以格言至論, 日陳於前, 與之朝夕而講論之, 日復一日, 盈耳充腹. 久之, 義理浹洽浸灌, 不知不覺, 入於聖賢之路矣. 苦爲之不豫, 偏好之見生於內, 嗜欲之緣接於外, 欲其不染於習俗也, 難矣.」

2. 《荀子》 宥坐篇

"孔子觀於魯桓公之廟, 有欹器焉., 孔子問於守廟者曰:「此爲何器?」守廟者曰:「此蓋爲宥坐之器」孔子曰:「吾聞宥坐之器者, 虛則欹, 中則正, 滿則覆」孔子顧謂弟子曰:「注水焉!」弟子挹水而注之. 中而正, 滿而覆, 虛而欹. 孔子喟然嘆曰:「吁! 惡有滿而不覆者哉!」子路曰:「敢問持滿有道乎?」孔子曰:「聰明聖知, 守之以愚; 功被天下, 守之以讓; 勇力撫世, 守之以怯; 富有四海, 守之以謙. 此所謂挹而損之之道也.」

149(3-57)
신언검신愼言檢身

처자와 노복 사이에도 말과 행동을 조심하고,
식사나 휴식, 일상생활에서도 자신을 잘 검속하라.

愼言動於妻子僕隷之間,
檢身心於食息起居之際.

【言動】 말과 행동. 《隋書》 儒林傳 劉炫에 "整緗素於鳳池, 記言動於麟閣"이라 함.

【食息】음식 먹는 일과 휴식.

【檢身】자신을 살펴 흐트러짐이 없도록 함. 檢束함.

【起居】일상생활.

참고 및 관련 자료

1. 〈原注〉

○ 陳榕門云:「二者皆人所易忽, 於此處亦有操持, 則無或敢忽, 故觀人每於所忽」

150(3-58)
적덕수신積德修身

남과 말을 나눔에는 진정함을 다하여야 가히 덕을 쌓을 수 있고,
처자 사이에도 역시 이와 같이 하여야 수신을 이룰 수 있다.

語言間儘可積德, 妻子間亦是修身.

【儘】'盡'과 같음. 다함.

【修身】자신을 잘 닦아 남과의 관계에서 조화를 이룸.《大學》에 "格物, 致知, 誠意, 正心, 修身, 齊家, 治國, 平天下"라 하여 八條目의 하나.

151(3-59)
낮이나 밤이나

낮에 처자를 살펴 그 행동의 독실함 여부를 알 수 있고,
밤에 꿈을 살펴 자신의 의지가 결정되었는지의 여부를 점칠 수 있다.

晝驗之妻子, 以觀其行之篤與否也;
夜考之夢寐, 以卜其志之定與否也.

【晝驗】 낮에 사람의 행동을 보고 정황을 알아봄. 뒤 구절의 '夜考'에 상대하여
쓴 말.
【夢寐】 꿈속.

152(3-60)
육신과 우주

칠척七尺의 이 육신을 알고자 한다면
먼저 방촌方寸의 이 마음을 알아야 하고,

육합六合의 천지 우주를 알고자 한다면
먼저 일강一腔의 이 한 몸을 알아야 한다.

欲理會七尺, 先理會方寸;
欲理會六合, 先理會一腔.

【理會】 밝히 알아냄. 이해함. 터득함.
【七尺】 육신의 몸을 말함.
【方寸】 마음. 方寸之心의 줄인 말. 《抱朴子》嘉遯篇 참조.
【六合】 천지와 사방. 온 천하, 온 우주를 뜻하는 말. 《莊子》齊物論 참조.
【一腔】 몸. 육신. '腔'은 속이 빈 것. 사람은 소화기가 비어 몸속에 빈 공간이 길게 있어 이렇게 칭한 것.

참고 및 관련 자료

1. 《抱朴子》嘉遯篇
"方寸之心, 制之在我, 不可放之於流遯也."
2. 《莊子》齊物論
"六合之外, 聖人存而不論; 六合之內, 聖人論而不議."

153(3-61)
칠척 육신

세상 사람들은 칠척의 육신을 성명性命으로 여기지만,
성인은 성명을 칠척 육신으로 여긴다.

世人以七尺爲性命, 君子以性命爲七尺.

【性命】생명. 하늘로부터 받은 天性과 天命.《周易》乾卦 참조.

참고 및 관련 자료

1.《周易》乾卦
"乾道變化, 各正性命"이라 하였고, 孔穎達의 疏에 "性者. 天生之質, 若剛柔遲速之別; 命者, 人所稟受, 若貴賤夭壽之屬也"라 하였으며 朱熹의《易本義》에는 "物所受爲性, 天所賦爲命"이라 함.

154(3-62)
네 가지 유의할 점

기상을 높고 시원하게 갖겠다고 해서
거칠거나 광간狂簡하게 굴어서는 안 된다.

심사를 진밀縝密하게 갖겠다고 해서
자질구레함에 빠져서는 안 된다.

취미를 맑고 담박하게 갖겠다고 해서
메마르고 적막하게 굴어서는 안 된다.

절조를 지키겠다고 해서
지나치게 격하게 굴어서는 안 된다.

氣象要高曠, 不可疏狂;
心思要縝密, 不可瑣屑;
趣味要沖淡, 不可枯寂;
操守要嚴明, 不可激烈.

【氣象】사람의 기품. 그 모습.《新唐書》王丘傳에 "其人氣象淸高, 行脩絜, 於詞賦尤高"라 함.

【高曠】높고 확 트임. 淸 王士禎《池上偶談》(談藝 12)에 "嘗在卿士, 夜與友人 談華山之勝. 晨起, 卽襆被往游, 其高曠如此"라 함.

【疏狂】거칠고 狂簡함. 호방함. 白居易〈代書詩寄微之〉시에 "疏狂屬年少, 閑散爲官卑"라 함.

【縝密】아주 빽빽하여 빈틈이 없음. 여기서는 세밀히 살펴 근신함을 뜻함. 《南史》孔休源傳에 "累居顯職, 性縝密, 未嘗言禁中事"라 함.

【瑣屑】자질구레한 일들. 부스러기.

【沖淡】沖澹과 같으며 胸懷가 넓고 담박함.《晉書》杜夷傳에 "夷淸虛沖淡, 與俗異軌"라 함.

【激】격렬함. 심함. 지나침.《荀子》不苟篇에 "辯而不爭, 察而不激"이라 함.

155(3-63)
총명한 자의 살핌

총명한 자는 혹 지나치게 살핌을 경계하고,
강강한 자는 지나치게 급박함을 경계하고
온량한 자는 결단력이 모자람을 경계해야 한다.

聰明者戒太察,

剛强者戒太暴,

溫良者戒無斷.

【聰明】 원래는 귀로 듣고 잘 알아차리는 똑똑함을 '聰'이라 하고, 눈으로 보아 민첩하게 깨닫는 것을 '明'이라 하였으나 이를 묶어 사리에 밝고 영민(靈敏)함을 뜻하는 말로 쓰임.《尙書》堯典에「昔在帝堯, 聰明文思, 光宅天下」라 하였고, 孔穎達의 疏에「言聰明者, 據人近驗, 則聽遠爲聰, 見微爲明. ……以耳目之聞見, 喩聖人之智慧, 兼知天下之事」라 함.

【戒】 그럴 수 있음을 경계함.

【剛强】 뻣뻣하고 강함.《老子》36장에 "柔弱勝剛强"이라 함.

【暴】 남에게 급박하게 굶.

【溫良】 온화하고 선량함.《論語》學而篇 참조.

【無斷】 결단력이 없음. 과감하지 못함.

참고 및 관련 자료

1.〈原注〉

○ 古人云:「當斷不斷, 反受其亂.」

2.《論語》學而篇

"子禽問於子貢曰:「夫子至於是邦也, 必聞其政, 求之與? 抑與之與?」子貢曰:「夫子溫·良·恭·儉·讓以得之. 夫子之求之也, 其諸異乎人之求之與.」"

156(3-64)
작은 은혜

작은 은혜를 베푼답시고 대체大體를 훼상하지 말라.
공도公道를 빌려 사사로운 욕심을 채우지 말라.

勿施小惠傷大體, 毋借公道遂私情.

【小惠】작은 혜택. 혹은 조그만 지혜. '惠'는 '慧'와 같음. 《論語》衛靈公篇
　참조.
【大體】큰 틀. 천지자연의 대원칙.
【公道】공정한 도리. 《管子》明法 참조.
【私情】사사로운 개인의 사정. 《管子》八觀에 "私情行而公法毀"라 함.

참고 및 관련 자료

1. 《論語》衛靈公篇
"子曰:「羣居終日, 言不及義, 好行小慧, 難矣哉!」"
2. 《管子》明法
"是故官之失其治也, 是主以譽爲賞, 以毁爲罰也, 然則喜賞惡罰之人, 離公道而
　行私術也."

157(3-65)
정감과 이치

정감으로써 남을 용서하고,
이치로써 자신을 묶을 것이니라.

以情恕人, 以理律己.

【情】정감. 혹 인지상정.
【恕】용서함. 관대히 함. 남을 이해함. 남의 사정을 헤아려 줌.《論語》里仁篇
에 "子曰:「參乎! 吾道一以貫之」曾子曰:「唯」子出, 門人問曰:「何謂也?」
曾子曰:「夫子之道, 忠恕而已矣」"라 하였고, 程子의 주에 "以己及物, 仁也;
推己及物, 恕也, 違道不遠是也"라 함. 한편 衛靈公篇에는 "子貢問曰:「有一言
而可以終身行之者乎?」子曰:「其'恕'乎! 己所不欲, 勿施於人」"라 하였으며,
賈誼《新書》道術에 "以己度人謂之恕, 反恕謂荒"이라 함.
【律己】자신을 다스림. 자신부터 묶어 단속하는 것을 표준으로 삼음. 杜牧의
〈盧博除盧州刺史制〉에 "故行令不如行化, 律人不如律己"라 함.

158(3-66)
온전한 우정

자신에게 관대한 마음으로 남에게 관대하게 하면
친구와의 우정을 온전히 할 수 있고,

남을 책하는 마음으로 자신을 책하면
과실을 줄일 수 있다.

以恕己之心恕人, 則全交;
以責人之心責己, 則寡過.

【恕己】 자신에게 관대함.《楚辭》離騷에 "羌內恕己以量人兮, 各興心而嫉妬"
라 함.《論語》里仁篇에 "子曰:「參乎! 吾道一以貫之.」曾子曰:「唯.」子出,
門人問曰:「何謂也?」曾子曰:「夫子之道, 忠恕而已矣.」"라 하였고, 程子의
주에 "以己及物, 仁也; 推己及物, 恕也, 違道不遠是也"라 함. 한편 衛靈公篇
에는 "子貢問曰:「有一言而可以終身行之者乎?」子曰:「其'恕'乎! 己所不欲,
勿施於人.」"라 하였으며, 賈誼《新書》道術에 "以己度人謂之恕, 反恕謂荒"
이라 함.
【全交】 친구 사이의 사귐을 온전히 함. 우정이 변함없음.
【寡過】 과실을 줄일 수 있음. 蘇軾의〈擬進士對御試策〉에 "苟無知人之明,
則循規蹈矩繩墨, 以求寡過"라 함.

159(3-67)
핑계

힘으로는 할 수 없는 일이라면
성인은 '어쩔 수 없지'라는 말로써 남에게 그 책임을 떠넘기지 않는다.

마음에 의당 해야 할 일이라면
성인은 '어쩔 수 없지'라는 말로 자신에게 이를 핑계대지 않는다.

力有所不能, 聖人不以無可奈何者責人;

心有所當盡, 聖人不以無可奈何者自諉.

【責人】 남의 탓으로 돌림. 자신은 할 수 없는 일이니 '남이 알아서 하겠지' 라고 여김.
【無可奈何】 어찌할 수 없음. 흔히 불가능한 일을 한탄할 때 쓰는 말.
【諉】 '핑계대다'의 뜻.

참고 및 관련 자료

1. 〈原注〉
○ 陳榕門云: 「此卽躬自厚而薄責於人也. 人每相反出之, 故終其身, 惟見人之 不如己意, 不見己之不如人意.」
○ 張子所云: 「以責人之心責己, 以恕己之心恕人」 則盡道矣.

160(3-68)
쉬운 일과 어려운 일

남의 많은 악함을 다 살펴보고
다른 사람들의 장점도 다 살피기란 쉬운 일이다.

그러나 자신의 악함을 다 살펴내고
자신의 장점을 다 살펴내기란 어려운 것이다.

衆惡必察, 衆好必察, 易;
自惡必察, 自好必察, 難.

【必】'畢'과 같음.《戰國策》秦策(4)에 "齊王入朝, 四國必從"이라 함.
【察】자세히 살펴 변별함. 賈誼《新書》道本에 "纖微皆審謂之察"이라 함.

참고 및 관련 자료

1.〈原注〉
○ 陳榕門云:「察於衆好·衆惡者, 不肯輕信人言; 察於自好·自惡者, 不肯偏執
己見. 二者合, 而好惡乃得其眞矣.」

161(3-69)
편견

남을 그르다고 보는 것, 이것은 모든 악의 근원이며,
자신을 그르다고 보는 것, 이것이 만 가지 선의 문이다.

見人不是, 諸惡之根;
見己不是, 萬善之門.

【不是】옳지 않음.
【門】출입문.《周易》繫辭(下) 참조.

참고 및 관련 자료

1. 〈原注〉
○ 唐荊川與弟書云:「居常但見人過, 不見己過, 此學者公共病痛, 亦學者切骨病痛. 自後讀書做人, 須要刻刻檢點自家病痛. 蓋所惡於人許多病痛處, 若眞知反己, 則色色有之也.」

2. 《周易》繫辭(下)
"乾坤, 其易之門邪!"라 하였고, 孔穎達의 疏에 "易之變化, 終乾坤而起, 猶人之興動終門而出, 故乾坤是易之門邪"라 함.

162(3-70)
세 글자

'과실을 저지르지 않았다'(不爲過)라는 세 글자로써
얼마나 많은 양심을 숨겨왔는가?

'어쩔 수 없었다'(沒奈何)라는 세 글자로써
얼마나 많은 체면을 깎아왔는가?

「不爲過」三字, 昧卻多少良心?
「沒奈何」三字, 抹卻多少體面?

【不爲過】 과실을 저지르지 않음.
【昧卻】 매몰시킴. 파묻어 숨김.

【多少】'얼마나 ~하였는지'의 뜻을 표현하는 백화어 용법.
【沒奈何】'沒'은 '無'와 같음. 백화어 용법. 어찌할 방도가 없음.
【體面】체통. 聲望. 명예.
【抹却】체면 등이 깎임. 깎아내림. 깎아서 없앰.

> 참고 및 관련 자료

1. 〈原注〉
○ 四語義味無窮, 非老於世務者不知.

163(3-71)
품덕과 조예

품덕과 조예가 늘 나와 같은 자를 이기기를 바라는 눈으로 본다면
치욕은 자연히 늘어날 것이요,

누리는 일에 나만 못한 자와 늘 비교하는 눈으로 본다면
원망과 탓이 저절로 사라지게 될 것이다.

品詣常看勝如我者, 則愧恥自增;
享用常看不如我者, 則怨尤自泯.

【品詣】品德과 造詣.
【看】비교하는 시각으로 남을 대함.

【愧恥】 부끄러움, 치욕을 느낌.
【自增】 저절로 늘어남.
【享用】 누리며 사용함.
【自泯】 저절로 민멸(泯滅)되어 사라짐.《詩經》大雅 桑柔에 "亂生不夷, 靡國
　不泯"이라 함.

164(3-72)
힘든 일을 상상하라

　집안에 무료하게 앉았을 때는
　역시 힘으로 물건을 져 날라 겨우 밥을 벌어먹는 사나이의 붉은
먼지와 뜨거운 햇볕 아래에서 고생하는 모습을 떠올려 보라.

　관직의 직급이 제대로 올라가지 않아 안달한다면
　오히려 높은 재능에 뛰어난 선비이면서도 머리가 희도록 아직 학생
으로 고생하고 있는 이들을 생각해 보라.

家坐無聊, 亦念食力擔夫, 紅塵赤日;
官階不達, 尚有高才秀士, 白首青衿.

【無聊】 아무 일이 없음. 어디에 애오라지 생각이나 일을 집중할 거리가 없음.
【食力擔夫】 힘으로 남의 물건을 져 날라주는 직업으로 밥을 먹고사는 사나이.
　노동의 힘듦을 말함.《國語》晉語(4)에 "庶人食力"이라 함.

【紅塵】 수레바퀴 뒤에 일어나는 붉은 먼지. 세상의 힘들고 시끄러운 환경.

【秀士】 뛰어난 선비. 학력을 충분히 갖추어 재덕이 출중한 사람.《禮記》王制 참조.

【青衿】 '青襟'으로도 쓰며 한창 배움에 열중하는 대학생. 복장이 목 부분이 푸른 색 옷깃이어서 그렇게 부른 것임. 아직 벼슬은 하지 않은 상태임. 《詩經》鄭風 子衿에 "青青子衿, 悠悠我心"이라 하였고, 毛傳에 "青衿, 青領 也. 學子之所服"이라 함.

참고 및 관련 자료

1.〈原注〉

○ 退一步想大有味, 惟知足者能之.

○ 先輩云:『欲除煩惱先忘我, 各有因緣莫羨人.』眞得自在之樂.

2.《禮記》王制

"命鄕論秀士, 升之司徒, 曰選士"라 하였고, 鄭玄의 주에 "秀士, 鄕大夫所考, 有德行道藝者"라 함.

165(3-73)
여섯 가지 즐거움

배고파 우는 자에 비교한다면
지금 이렇게 배불리 먹을 수 있는 것만으로도 절로 즐거운 것이요,

추위에 견디지 못해 우는 자에 비교한다면
이렇게 따뜻하게 있을 수 있는 것만으로도 절로 즐거운 것이요,

노역에 힘들어하는 자와 비교한다면
이렇게 우아하게 한가함을 얻을 수 있는 것만으로도 절로 즐거운 것이요,

질병에 시달리는 사람과 비교한다면
이렇게 건강한 것만으로도 절로 즐거운 것이요,

재난과 환난으로 고생하는 사람과 비교한다면
이렇게 평안한 것만으로도 절로 즐거운 것이요,

이미 죽어 없어진 자에 비교한다면
이렇게 살아 존재하는 것만으로도 절로 즐거운 것이니라.

將啼飢者比, 則得飽自樂;
將號寒者比, 則得煖自樂;
將勞役者比, 則優閒自樂;
將疾病者比, 則康健自樂;
將禍患者比, 則平安自樂;
將死亡者比, 則生存自樂.

【將】'~과'의 뜻. '與'와 같음.
【啼飢】'啼饑'와 같음. 배가 고프다고 울어댐.
【號寒】추위를 견딜 수 없다고 부르짖음.
【優閒】'優閑'과 같음. 우아하게 한가함을 즐김.
【康健】'健康'과 같음.

1. 〈原注〉
○ 此養心自在法門也.

166(3-74)
여섯 가지 의무

항상 죽을 때까지 품고 살아야 할 후회를 생각하면
저절로 효심을 다하지 않을 수 없게 되고,

항상 날짜를 보내기가 힘듦을 생각하면
저절로 생활비용을 절약하지 않을 수 없게 되며,

항상 사람의 목숨이란 취약한 것임을 생각하면
저절로 정신을 아끼지 않을 수 없게 되고,

항상 세태의 냉엄한 변화를 생각하면
저절로 지기志氣를 분발시키지 않을 수 없게 되며,

항상 법망은 빠져나갈 수 없는 것임을 생각하면
저절로 비위非爲를 경계하지 않을 수 없게 되고,

항상 육신의 목숨이란 쉽게 넘어진다는 것을 생각하면
저절로 선한 생각을 보존하지 않을 수가 없게 된다.

常思終天抱恨, 自不得不盡孝心;
常思度日艱難, 自不得不節費用;
常思人命脆薄, 自不得不惜精神;
常思世態炎涼, 自不得不奮志氣;
常思法網難漏, 自不得不戒非爲;
常思身命易傾, 自不得不存善念.

【終天抱恨】죽을 때까지 품고 있는 한이나 후회. 부모의 죽음과 생전에 잘 봉양하지 못한 불효를 괴로워함을 말함.
【度日】세월을 보냄. 살아감. 날짜를 보냄.
【脆薄】매우 취약하고 얇음. 우리의 생명이란 실제 한없이 취약한 것임.
【精神】사람의 정기. 육신에 상대하여 쓴 말.《呂氏春秋》盡數에 "聖人察陰陽之宜, 辨萬物之理, 以便生. 故精神安乎形, 而年壽得長焉"이라 함.
【炎涼】세상 인심의 심한 변화와 냉정함.
【身命】육신의 생명.《漢書》鄭崇傳에 "臣願以身命當國咎"이라 하였고, 韓愈의〈贈族侄〉에는 "歲時易遷次, 身命多厄窮"이라 함.

167(3-75)
가슴에 담아야 할 열두 글자

'미媚'자로써 어버이를 받들고,
'담淡'자로써 친구를 사귀며,
'구苟'자로써 비용을 줄이고,

'졸拙'자로써 노고로움을 면하며,
'농聾'자로써 비방을 그치게 하고,
'맹盲'자로써 색을 멀리하며,
'인吝'자로써 입을 막고,
'병病'자로써 흐트러진 생활 방식을 치료하며,
'탐貪'자로써 독서에 이용하고,
'의疑'자로써 이치를 궁구하며,
'각刻'자로써 자신을 질책하고,
'우迂'자로써 예를 준수하며,
'한狠'자로써 뜻을 세우고,
'오傲'자로써 풍골을 세우며,
'치癡'자로써 가난한 이를 구제하고,
'공空'자로써 근심걱정을 풀어버리며,
'약弱'자로써 모욕을 방어하고,
'회悔'자로써 과실을 고치며,
'나懶'자로써 명리를 쫓아가는 욕심을 억제하며,
'타惰'자로써 티끌세상의 온갖 일을 막도록 하라.

以「媚」字奉親, 以「淡」字交友,

以「苟」字省費, 以「拙」字免勞,

以「聾」字止謗, 以「盲」字遠色,

以「吝」字防口, 以「病」字醫淫,

以「貪」字讀書, 以「疑」字窮理,

以「刻」字責己, 以「迂」字守禮,

以「狠」字立志, 以「傲」字植骨,

以「癡」字救貧, 以「空」字解憂,

以「弱」字御侮, 以「悔」字改過,
以「懶」字抑奔競風, 以「惰」字屏塵俗事.

【苟】 구차스럽지만 인내하고 살아감.
【吝】 인색할 정도로 말을 아껴 말로 인한 재앙을 없앰.
【淫】 흐트러진 생활태도는 병을 불러올 것이므로 병을 걱정하는 마음으로
 그러한 생활 방식을 바꾸어 규칙적이고 절제된 삶을 영위함.
【迂】 우활할 정도로 고집스럽게 예를 지켜냄.
【癡】 바보처럼 가난한 이에게 희생적으로 구제와 봉사에 나섬.
【空】 세상은 모두 빈 것이니 걱정을 덜어야 할 것이라 여김.
【御侮】 자신을 깔보고 모욕하는 상대에게 더욱 柔弱하게 겸양을 보임.
【競風】 세상 명리를 위하여 경쟁하면서 내닫는 욕심과 풍향.

참고 및 관련 자료

1. 〈原注〉
○ 此二十字, 皆人所深惡之者. 今乃假鴆毒爲參朮, 變臭壞爲金丹, 直覺老大
受用, 討盡便宜.

168(3-76)
잘난 체 하지 말라

실의에 빠진 사람 앞에서 자신의 잘난 일을 말하지 말라.
신나는 일에 처했을 때는 실의에 빠졌을 때를 잊지 말라.

對失意人, 莫談得意事;

處得意日, 莫忘失意時.

【得意】 자신이 잘나 성공하거나 뜻대로 된 일. 失意에 상대되는 말.

169(3-77)
부귀와 빈천에서의 처신

빈천은 괴로운 환경이지만
능히 이를 잘 처리하는 자는 스스로 즐겁게 여긴다.

부귀는 신나는 환경이지만
이에 잘 처신하지 못하는 자는 더욱 괴로운 지경이 되고 만다.

貧賤是苦境, 能善處者自樂;

富貴是樂境, 不善處者更苦.

【善處】 잘 처리함. 잘 처신함. 《左傳》 成公 2년에 "武德以及遠方, 莫如惠恤
其民而善用之"라 함.
【自樂】 스스로 즐거움을 찾음. 스스로 그러한 환경에서도 즐겁게 여김.

170(3-78)
은혜와 실패

은혜 속에서 해害가 생겨난다.
그러므로 한창 신이 날 때 얼른 고개를 돌려라.

실패한 뒤에 혹 도리어 성공할 때가 있다.
그러므로 마음에 맞지 않는다고 곧바로 손을 놓지는 말라.

恩裡由來生害, 故快意時須蚤回頭;
敗後或反成功, 故拂心處莫便放手.

【快意】 뜻대로 이루어져서 한창 신이 날 때. 《史記》 李斯列傳에 "快意當前,
適觀而而矣"라 함.
【蚤】 무와 같음. 일찍, 얼른.
【拂心】 마음대로 되지 않음. 생각했던 것에 위배됨.
【放手】 손을 놓음. 포기함.

참고 및 관련 자료

1.《菜根譚》(010)
"恩裡由來生害, 故快意時, 須早回頭; 敗後或反成功, 故拂心處, 莫便放手."
2.《增廣賢文》(511)
"恩裏由來生害, 得意時須早回頭; 敗後或反成功, 拂心處莫便放手."

171(3-79)
세 등급의 자질

깊이 잠겨 중후하게 하는 것,
이는 첫째 등급의 자질이다.

시원하게 영웅호걸과 같이 하는 것,
이는 그 다음 등급의 자질이다.

총명하여 말솜씨 좋은 것,
이는 세 번째쯤의 자질이다.

深沉厚重, 是第一等資質;
磊落雄豪, 是第二等資質;
聰明才辯, 是第三等資質.

【厚重】 중후함.
【磊落】 흉금이 시원함. 阮瑀의 〈箏賦〉에 "慷慨磊落, 卓礫盤紆, 壯士之節也"
라 함.
【聰明】 원래는 귀로 듣고 잘 알아차리는 똑똑함을 '聰'이라 하고, 눈으로 보아
민첩하게 깨닫는 것을 '明'이라 하였으나 이를 묶어 사리에 밝고 영민(靈敏)
함을 뜻하는 말로 쓰임. 《尙書》 堯典에 「昔在帝堯, 聰明文思, 光宅天下」라
하였고, 孔穎達의 疏에 「言聰明者, 據人近驗, 則聽遠爲聰, 見微爲明. ……以
耳目之聞見, 喩聖人之智慧, 兼知天下之事」라 함.

172(3-80)
세 등급의 선비

상급 선비는 명예를 잊고 살고,
중급 선비는 명예를 세우며,
하급 선비는 명예를 훔친다.

上士忘名, 中士立名, 下士竊名.

【上士】 가장 높은 등급의 선비.《老子》41장 참조. 에 "上士聞道, 勤而行之;
中士聞道, 若存若亡; 下士聞道, 大笑之. 不笑不足以爲道"라 함.
【名】 名譽, 名望, 이름.
【竊名】 명예를 훔침.《逸周書》官人 참조.

참고 및 관련 자료

1.〈原注〉
○ 忘名者, 體道合德, 享鬼神之福佑, 非所以求名也; 立名者, 修身愼行, 懼姓氏
之湮沒, 非所以攘名也; 竊名者, 厚貌深情, 干浮華之虛稱, 非所以得名也.
2.《老子》41장
"上士聞道, 勤而行之; 中士聞道, 若存若亡; 下士聞道, 大笑之. 不笑不足以爲道."
3.《逸周書》官人
"規諫而不類, 道行而不平, 曰竊名者也."

173(3-81)
마음, 입, 문

상급 선비는 자신의 마음을 닫아 지키고,
중급 선비는 자신의 입을 막아 말조심하며,
하급 선비는 자신의 집 문을 걸어 잠근다.

上士閉心, 中士閉口, 下士閉門.

【閉心】 자신의 가슴속에 든 생각이나 고매한 의지를 깊이 지켜냄.《楚辭》
九章 橘頌에 "閉心自愼, 終不失過兮"라 하였고, 王逸의 주에 "言己閉心捐欲,
勅愼自守, 終不敢有過失兮"라 함.
【閉門】 자신의 집 문을 닫고 밖의 정보를 들으려 하지 않음. 남과 소통하지
않음.

174(3-82)
지혜로움과 어리석음

남의 사사로움을 들춰 헐뜯기를 좋아하는 자는
그 몸에 반드시 위험을 당하고 만다.
그러니 자신의 어리석음을 달게 여기면
그것이 바로 자신의 몸을 보호하는 지혜로 성장하게 된다.

스스로 잘났다고 자랑하는 자는
남에게 많은 비웃음을 사고 만다.
그러니 자신의 지혜를 자랑하다가는
남에게 속임을 당하는 어리석음만 드러내는 꼴이 되고 만다.

好訐人者身必危, 自甘爲愚, 適成其保身之智;
好自誇者人多笑, 自舞其智, 適見其欺人之愚.

【訐】'訐直'과 같음. 남의 사사로움을 들추어내는 것을 곧은 것인 줄로 여김.
《論語》陽貨篇에 "子貢曰:「君子亦有惡乎?」子曰:「有惡: 惡稱人之惡者,
惡居下流而訕上者, 惡勇而無禮者, 惡果敢而窒者.」曰:「賜也亦有惡乎?」「惡徼
以爲知者, 惡不孫以爲勇者, 惡訐以爲直者.」"라 하였고, 〈四書集註〉에 "訐,
謂攻發人之陰私"라 함.
【自舞其智】자신의 지혜를 뽐내며 춤을 출 정도임.
【見】'현'으로 읽으며 '드러남'을 뜻함.
【欺人】사람을 속임. 여기서는 '남에게 속임을 당하다'의 뜻.

175(3-83)
네 가지 상황

한가함은 정근精勤으로부터 생겨나고,
염적恬適은 공경과 두려워하는 태도에서 나오며,
걱정 없이 편안함은 능히 미리 염려한 덕분에 얻을 수 있는 것이며,
대담함은 조심하는 데에서 생겨나는 것이다.

閒暇出於精勤,
恬適出於祗懼,
無思出於能慮,
大膽出於小心.

【精勤】정성을 다해 부지런히 임함.《後漢書》馮勤傳에 "以圖議軍糧, 在事精勤, 遂見親識"이라 함.
【恬適】恬淡과 편안함.
【祗懼(지구)】 어떤 일에 공경을 다하며 근신하여 송구스럽게 여김.《尙書》泰誓(上)에 "予小子夙夜祗懼"라 함.
【思】 여기서는 어떤 생각으로 고통을 겪음을 말함.《禮記》樂記에 "亡國之音哀以思, 其民困"이라 함.
【小心】 조심함. 어떤 일에 삼감을 다함.

176(3-84)
세 가지 독

평강한 속에 험조險阻함이 들어 있으며,
앉은자리에 바로 짐독鴆毒이 있으며,
옷 입고 밥 먹는 짧은 사이에 재앙과 실패가 있을 수 있다.

平康之中, 有險阻焉;

衽席之內, 有鴆毒焉;

衣食之間, 有禍敗焉.

【險阻(험조)】 험하고 막힘. 곤궁한 상황을 말함.《左傳》僖公 28년에 "晉侯
 在外十九年, 而得晉國, 險阻艱難, 備嘗之矣"라 함.
【衽席】 깔고 앉는 자리. 태평하고 안락한 생활을 말함.《大戴禮記》主言에
 "是故明主之守也, 必折衝乎千里之外; 其征也, 衽席之上還師"라 함.
【鴆毒(짐독)】 짐새의 깃털에는 독이 있어 이를 모아 사람을 죽일 정도의 독을
 채취할 수 있으며 그 깃털로 술을 저으면 사람이 죽는다 함. 이를 鴆酒라 함.
【禍敗】 재앙과 실패.《國語》晉語(8)에 "民志不厭, 禍敗無已"라 함.

참고 및 관련 자료

 1.〈原注〉
 ○ 禍患之伏, 不在於經意處, 正在於大意處. 明哲之士, 只在意外做工夫, 故每
 萬全而無弊.
 2.《莊子》達生篇
 "人之所取畏者, 衽席之上, 飮食之間; 而不知爲之戒者, 過也."

177(3-85)
편안할 때 위험을 염려하라

 편안히 거할 때는 위험을 염려하고,
 잘 다스려 질 때는 변란을 생각하라.

居安慮危, 處治思亂.

【居安思危】편안히 살 때 위험이 있을 경우를 늘 생각하고 대비함.《新唐書》
楊虞卿傳 참조. 에 "自古天子居安思危之心同, 而居安慮危之心異, 故不得皆
爲聖明也"라 함.
【處治思亂】《周易》繫辭(下) 참조.

참고 및 관련 자료

1. 〈原注〉
○ 錢志驪〈君子愼刑題文開講〉云:「凡自恕之人, 皆日蹈於刑而不知憂, 日幸
免於刑而不知愧. 又收束二小比, 人方有欲自肆, 幾疑朝夕補救之迂, 而孰知
惟此制心之可保; 人至無地自容, 始悟名教從容之樂, 而豈若先乎慮患之爲安.」
○ 學問有得之語, 當從戰兢惕厲處中來, 眞有功世道之文也.
2.《新唐書》楊虞卿傳
"自古天子居安思危之心同, 而居安慮危之心異, 故不得皆爲聖明也."
3.《周易》繫辭(下)
"君子安而不忘危, 存而不忘亡, 治而不忘亂."

178(3-86)
천하의 형세

천하의 형세는 점차 단계를 거쳐 성취된 것이며,
천하의 일은 쌓이고 쌓여 견고해진 것이다.

天下之勢, 以漸而成;
天下之事, 以積而固.

【以漸】 일순간에 형성된 것이 아님.

참고 및 관련 자료

1. 〈原注〉
○ 自古天下·國家·身之敗亡, 不出‘積漸’二字. 積之微, 漸之始, 可爲寒心哉!
是以君子重小損, 矜細行, 防微蔽.
○ 呂新吾云:「人情之所易忽者, 莫如漸; 天下之大可畏者, 亦莫如漸. 周鄭交質,
若出於驟然, 天子雖屛懦甚, 亦必有恚心; 諸侯雖豪橫極, 豈敢萌此念? 迨積
漸所成, 其流不覺至是. 故步視千里爲遠, 前步視後步爲近, 千里者, 步步之績也.
是以驟者擧世所驚, 漸者聖人獨懼. 明以燭之, 堅以守之, 毫髮不以假借, 此愼
漸之道也.」

179(3-87)
재앙이 닥치더라도

화가 다가오더라도 근심하지 말라.
한갓 근심만 한들 무슨 이익이 되겠는가?
역시 구제할 수 있는 것인가를 살펴라.
한 푼 구제하면 그만큼 구제받는 것이다.

복이 다가오더라도 즐거워하지 말라.

역시 받을 수 있는 것인가를 살펴라.

공연히 즐거워하다가는 복이 재앙이 될 수도 있다.

능히 받을 수 있는 것이라면 그 복은 장구한 것이 아닐 수도 있다.

禍到休愁, 從愁何益?

也要會救, 救得一分是一分;

福來休喜, 也要會受, 空喜則福可爲災;

能受則福且未艾.

【休】금지 명령어에 쓰이는 부사. '~하지 말라'의 뜻.

【要會救】구제 받을 수 있는 것인지를 살펴야 함. '會'는 可能補語.

【艾】'길다, 오래 지속되다'의 뜻.《詩經》小雅 庭燎 "夜未艾"의 傳에 "艾, 久也"라 함.

180(3-88)
하늘이 복을 내릴 때

하늘이 사람에게 화를 내리고자 하면,

먼저 미미한 복을 주어 그 자로 하여금 교만하게 하며,

하늘이 사람에게 복을 내리고자 하면,
먼저 미미한 화를 주어 그 자로 하여금 조심하도록 한다.

天欲禍人, 先以微福驕之;
天欲福人, 先以微禍儆之.

【驕之】교만하게 되도록 유도함.
【儆之】경고나 경계로 삼아 스스로 신중히 함.

181(3-89)
갑자기 성공하면

오만하고 게으른 사람이 통현通顯함을 갑자기 얻게 된다면
하늘이 장차 중형으로 벌을 내릴 것이며,

거친 사람이 진취進取에 고통을 당한다면
하늘이 장차 간곡한 심정으로 용서해 주리라.

傲慢之人驟得通顯, 天將重刑之也;
疏放之人艱於進取, 天將曲赦之也.

【通顯】 통달하고 현달함. 고관대작이나 아주 높은 명예를 말함.《後漢書》
　應劭傳에 "自是諸子宦學, 並有才名, 至場七世通顯"이라 함.
【驟得】 갑자기 얻음.
【疏放】 疏脫하고 放達하여 얽매이는 것이 없음.
【進取】 끊임없이 노력하여 나아감.《論語》子路篇에 "狂者進取, 狷者有所不
　爲也"라 함.
【曲赦】 特赦. 간곡히 여겨 사면해 줌.

182(3-90)
소인과 군자

소인일지라도 역시 탄탕탕坦蕩蕩한 면이 있다.
아무런 거리낌이 없는 면에서 그렇다.

군자 역시 장척척長戚戚한 면이 있다.
종신토록 짊어져야 할 임무에 대하여 그렇다.

小人亦有坦蕩蕩處, 無忌憚是已;
君子亦有長戚戚處, 終身之憂是已.

【坦蕩蕩】 막힘이 없이 시원함. 평탄함. 긍정적임. 雙聲連綿語.《論語》述而
　篇에 "子曰:「君子坦蕩蕩, 小人長戚戚.」"이라 함.
【忌憚】 꺼림.《中庸》2장에 "仲尼曰:「君子中庸, 小人反中庸. 君子之中庸也,
　君子而時中; 小人之中庸也, 小人而無忌憚也.」"라 함.

【長戚戚】항상 근심에 차 있다는 뜻으로, 위의 《論語》 구절이며 何晏의
〈集解〉에 鄭玄의 말을 인용하여 "長戚戚, 多憂懼"라 함.
【終身之憂】평생 짊어지고 살아가야 할 근심. 국가대사나 득도 등 고차원
적인 지향을 말함. 《論語》 衛靈公篇 참조.

참고 및 관련 자료

1. 〈原注〉
○ 陳榕門云:「迹相似而實不相同, 人禽之分在此.」
2. 《論語》 衛靈公篇
"子貢問曰:「有一言而可以終身行之者乎?」子曰:「其『恕』乎! 己所不欲, 勿施
於人.」"

183(3-91)
물과 기름

물은 군자요 그 성질은 담백하며, 그 바탕은 희고 그 맛은 담담하다.
그 쓰임은 불결한 것을 빨아 깨끗하게 하며, 끓고 있는 물에 기름을
넣으면 역시 스스로 구별되어 섞이지 않는다.
그러니 진실로 군자의 상징이로다.

기름은 소인이다. 그 성질은 매끄럽고, 그 바탕은 끈적이며 그 맛은 짙다.
그 쓰임은 깨끗한 것을 더럽혀 불결하게 하며, 만약 끓는 기름에 물을
넣으면 더욱 격동을 일으키며 서로 용납하지 않는다.
그러니 진실로 소인의 상징이로다.

水, 君子也. 其性沖, 其質白, 其味淡.
其爲用也, 可以澣不潔者而使潔,
卽沸湯中投以油, 亦自分別而不相混.
誠哉君子也.

油, 小人也. 其性滑, 其質膩, 其味濃.
其爲用也, 可以汚潔者而使不潔,
倘滾油中投以水, 必至激搏而不相容.
誠哉小人也.

【沖】 '冲'으로도 쓰며 어떠한 물건도 적셔주어 화합함.
【澣(한)】 '빨래하다, 세탁하다, 세척하다'의 뜻.
【沸湯】 끓음.
【膩(이)】 끈적끈적함. 니글니글함.
【倘(당)】 혹시, '만약 ~하면'의 뜻.
【滾油(곤유)】 끓고 있는 기름.
【激搏】 격렬하게 치고 박고 함. 혹 '激薄'으로도 표기함. 王充의 《論衡》
   龍虛에 "太陽火也, 雲雨水也, 水火激薄, 則鳴而爲雷"라 함.

　　참고 및 관련 자료

1. 〈原注〉
○ 形容盡致, 推勘入微. 明此, 可以立身, 可以觀人.

184(3-92)
음양의 이치

무릇 양陽은 틀림없이 강하며, 강한 것은 틀림없이 명확하다.
명확하면 누구나 쉽게 알 수 있다.

무릇 음陰은 틀림없이 부드러우며, 부드러운 것은 틀림없이 어둡다.
어두우면 남들이 그를 헤아리기 어렵다.

凡陽必剛, 剛必明, 明則易知;
凡陰必柔, 柔必暗, 暗則難測.

【陽必剛】 겉으로 드러난 것은 틀림없이 剛强함.
【易知】 의도를 남이 쉽게 알아차림. 군자의 행동은 공명정대하여 누구나 알아냄.
【難測】 그 의도를 쉽게 측량하지 못함. 소인의 행동은 감추고 아부하여 그 의도를 얼른 알아차리기가 어려움을 말함.

참고 및 관련 자료

1. 〈原注〉
○ 人心寬平則光明, 狹險則幽暗, 君子小人相反, 只在陽明陰暗間. 故聖人衍
《易》, 以陽爲君子, 以陽爲君子, 以陰爲小人. 嘗觀天下之人, 其光明正大, 疏暢
明達, 磊磊落落, 無纖芥可疑者, 必君子也; 而其依阿淟涊, 回互隱伏, 閃爍狡獪,
不可方物者, 必小人也.

185(3-93)
칭찬 뒤에 숨은 화복

사람을 칭하되 안자顔子 같다고 하면 누구나 즐거워하지 않을 자가 없다.
그러나 그가 빈천하게 살다가 일찍 죽었다는 사실은 잊고 있다.

사람을 가리켜 도척盜蹠 같다고 하면 노하지 않을 자가 없다.
그러나 그가 부귀도 실컷 누렸고 장수까지 하였다는 사실은 잊고 있다.

稱人以顔子, 無不悅者, 忘其貧賤而夭;
指人以盜蹠, 無不怒者, 忘其富貴而壽.

【顔子】顔回. 공자의 제자로 덕행으로 뛰어났으며 가난을 달게 여겼음. 그러나
안타깝게 30여 세에 죽었음.《論語》雍也篇에 "子曰:「賢哉, 回也! 一簞食,
一瓢飮, 在陋巷, 人不堪其憂, 回也不改其樂. 賢哉, 回也!」"라 하였고, 같은
편에 "哀公問:「弟子孰爲好學?」孔子對曰:「有顔回者好學, 不遷怒, 不貳
過. 不幸短命死矣, 今也則亡, 未聞好學者也.」"라 함.
【盜蹠】'盜跖'으로 흔히 표기하며 춘추시대 大盜로 이름이 높았던 인물.《莊子》
盜跖篇에 그의 일화가 실려 있으며, 그곳에 "孔子與柳下季爲友, 柳下季之弟,
名曰盜跖. 盜跖從卒九千人, 橫行天下, 侵暴諸侯, 穴室摳戶, 驅人牛馬, 取人
婦女, 貪得忘親, 不顧父母兄弟, 不祭先祖. 所過之邑, 大國守城, 小國入保,
萬民苦之"라 함. 그는 70여 세까지 온갖 부귀와 영화를 모두 누렸다 함.
【壽】장수함. 五福 가운데 첫째에 해당함.《尙書》洪範 참조.

1. 〈原注〉
○ 人心好善惡惡之同然如此, 而作人卻與盜蹠同歸, 何惡其名而好其實耶?
2. 《尙書》洪範
"五福: 一曰壽, 二曰富, 三曰康寧, 四曰攸好德, 五曰考終命."

186(3-94)
발을 디딜 때마다

일마다 어려움 위에 더 어려움이 있다.
발을 내디딜 때마다 항상 실추할까 우려하라.

일마다 생각하고 또 생각하라.
온몸 가득 모두가 과실과 오차가 둘러싸고 있다.

事事難上難, 擧足常虞失墜;
件件想一想, 渾身都是過差.

【虞】우려함. 걱정함. 조심함.
【想一想】여러 가지로 따져보고 생각함. 백화어 용법.
【渾身】온몸을 둘러싸고 있음.
【過差】과실이나 오차. '아차'하는 사이 저지를 수 있는 실수들.

187(3-95)
분노와 과실

화가 났을 때는 의당 이를 녹여 없애는 데에 온 힘을 쏟아라.
과실이 있을 때는 세심하게 이를 점검하여 살펴보아라.

怒宜實力消融, 過要細心檢點.

【宜】 의당. 마땅히.
【實力】 절실히 힘을 쏟음.
【過】 허물. 과실.
【檢點】 점검함. 자세히 살핌.

188(3-96)
부드러움과 강함

이치를 탐색함에는 부드러움으로써 우유함영優游涵泳해야
비로소 자득自得할 수 있다.

욕심을 단절함에는 의당 강강剛强함으로써 용맹분신勇猛奮迅해야
비로소 스스로 새로워질 수 있다.

探理宜柔, 優游涵泳, 始可以自得;

決欲宜剛, 勇猛奮迅, 始可以自新.

【優游涵泳】 충분히 그 분위기에 젖어 이치를 충분히 터득함.

【自得】 스스로 체험이나 논리를 이해하여 체득함.《孟子》 離婁(下) 참조.

【決欲】 決慾과 같음. 욕망을 결단하여 없앰.

【勇猛奮迅】 용맹과 분격함, 그리고 날래게 일을 처리함.

▢ 참고 및 관련 자료 ▢

1. 唐 楊炯의《王勃集》序文

"君又以幽贊神明, 非杼軸於人事; 經營訓導, 迺優游於聖作."

2.《孟子》 離婁(下)

"孟子曰:「君子深造之以道, 欲其自得之也. 自得之, 則居之安; 居之安, 則資之深; 資之深, 則取之左右逢其原, 故君子欲其自得之也.」"

189(3-97)
손괘와 익괘

분노를 억제하고 욕심을 막는다 함은

그 괘상이 손괘損卦이며 '인忍'자에 온 힘을 쏟아야 한다.

선한 일로 옮겨가고 허물은 고쳐야 한다 함은

그 괘상이 익괘益卦이며 '회悔'자에 온 힘을 쏟아야 한다.

懲忿窒欲, 其象爲損, 得力在一「忍」字;

遷善改過, 其象爲益, 得力在一「悔」字.

【懲忿窒欲】분노를 억제하여 극복하는 것과 욕심을 막는 것.《周易》損卦에
"君子以懲忿窒欲"이라 하였고, 孔穎達의 疏에 "君子以法此損道懲止忿怒, 窒塞
情欲. 懲者, 息其旣往; 窒者, 閉其將來"라 함.
【象】《周易》의 象辭. 卦象을 설명한 말.
【損】《周易》의 損卦. 제 41번째 괘로 "山澤損, 兌下艮上"임. 참고란을 볼 것.
【遷善改過】改過遷善과 같음.《周易》益卦에 "君子以見善則遷, 有過則改"라 함.
【益】《周易》의 益卦. 42번째 괘로 "風雷益, 震下巽上"로 되어 있음. 참고란을
볼 것.

1.〈原注〉
○ 能懲能窒, 卽是改過; 改之又改, 以至於寡, 卽是遷善; 寡之又寡, 以至於無,
卽是止於至善.

2.《周易》損卦
"損: 有孚, 元吉, 无咎, 可貞, 利有攸往. 曷之用? 二簋可用享. 象曰: 損, 損下
益上, 其道上行. 損而有孚, 元吉, 无咎, 可貞 利有攸往. 曷之用? 二簋可用享.
二簋應有時, 損剛益柔有時: 損益盈虛, 與時偕行. 象曰: 山下有澤, 損; 君子
以懲忿窒欲. 初九, 已事遄往, 无咎; 酌損之. 象曰:「已事遄往」, 尚合志也.
九二, 利貞, 征凶; 弗損, 益之. 象曰: 九二利貞, 中以爲志也. 六三, 三人行則
損一人, 一人行則得其友. 象曰:「一人行」, 三則疑也. 六四, 損其疾, 使遄有喜,
无咎. 象曰:「損其疾」, 亦可喜也. 六五, 或益之十朋之龜, 弗克違, 元吉. 象曰:
六五元吉, 自上祐也. 上九, 弗損益之, 无咎, 貞吉, 利有攸往, 得臣无家. 象曰:
「弗損益之」, 大得志也."

3.《周易》益卦
"益: 利有攸往, 利涉大川. 象曰:「益」, 損上益下, 民說无疆; 自上下下, 其道大光.
「利有攸往」, 中正有慶;「利涉大川」, 木道乃行. 益動而巽, 日進无疆; 天施地生,

其益无方. 凡益之道, 與時偕行. 象曰: 風雷, 益; 君子以見善則遷, 有過則改.
初九 利用爲大作, 元吉, 无咎. 象曰: 「元吉无咎」, 下不厚事也. 六二, 或益之十朋
之龜, 弗克違, 永貞吉; 王用享于帝, 吉. 象曰: 「或益之」, 自外來也. 六三, 益之
用凶事, 无咎; 有孚中行, 告公用圭. 象曰: 「益用凶事」, 固有之也. 六四, 中行
告公從, 利用爲依遷國. 象曰: 「告公從」, 以益志也. 九五, 有孚惠心, 勿問, 元吉;
有孚, 惠我德. 象曰: 「有孚惠心」, 勿問之矣; 「惠我德」, 大得志也. 上九, 莫益之,
立心勿恒, 凶. 象曰: 「莫益之」, 偏辭也; 「或擊之」, 自外來也.」

190(3-98)
부귀와 빈천

부귀는 마치 여인숙과 같아서
삼가고 조심해야 오래 머무를 수 있고,

빈천은 마치 낡은 옷과 같아서
오직 근면하고 검소하게 해야 벗어버릴 수 있다.

富貴如傳舍, 惟謹愼可得久居;
貧賤如敝衣, 惟勤儉可以脫卸.

【傳舍】나그네나 사신이 잠깐 머물다 가는 숙소. 나그네의 여인숙. 《戰國策》
　　魏策(4)에 "令鼻之入秦之傳舍, 舍不足以舍之"라 함.
【敝衣】낡은 옷.
【脫卸】'사(卸)'는 '풀다. 벗다'의 뜻.

1. 〈原注〉

○ 英銳者, 造物得而折之; 謹愼者, 鬼神不得而乘之. '謹愼'二字; 聖賢大學問在此, 豪傑作用亦在此.

○ 朱柏廬云:「勤與儉, 治生之道也, 不勤則寡入, 不儉則妄費. 寡入而妄費, 則財匱, 財匱則苟取, 愚者爲寡廉鮮恥之事, 黠者入行險微倖之途. 生平形止, 於此而喪; 祖宗家聲, 於此而墜, 生理絶矣. 又況一家之中, 有妻有子, 不能以勤儉表率, 而使相趨於奢惰, 則自絶其生理, 而又絶妻·子之生理矣. 以此思勤, 安得不勤; 以此思儉, 安得不儉.」

191(3-99)
검소함과 사치

검소하면 모든 일이 제대로 묶이게 되고,
묶이게 되면 온갖 선이 함께 생겨나게 된다.

사치하면 제멋대로 하게 되고,
제멋대로 하며 온갖 악이 함께 쏟아지게 된다.

儉則約, 約則百善俱興;
侈則肆, 肆則百惡俱縱.

【約】 모든 일을 잘 단속함. 잘 묶어 흐트러짐이 없도록 함. 《論語》 雍也篇에 "君子博學於文, 約之以禮"라 함.

【百善俱興】모든 선이 함께 흥기함. 생겨남.《周易》歸妹卦 "天地不交而 萬物不興"의 高亨 주에 "興, 猶生也"라 함.
【肆】제멋대로 방종하게 행동함.《左傳》昭公 12년에 "惜穆王欲肆其心, 周心 天下"라 함.

192(3-100)
마음의 부자

사치를 부리는 자는 부유해도 늘 부족하고,
검소한 자는 가난해도 늘 여유가 있다.

사치로운 자는 마음이 항상 가난하고,
검소한 자는 마음이 항상 부유하다.

奢者富不足, 儉則貧有餘;
奢者心常貧, 儉則心常富.

참고 및 관련 자료

1. 〈原注〉
○ 奢儉之有關心境也如此.

193(3-101)
네 가지 살필 점

탐욕을 부리다가 치욕을 부르는 것은
검소하게 살면서 청렴함을 지키는 것만 같지 못하고,

청탁을 하다가 의義를 범하는 것은
검소하게 살면서 절조를 온전히 하는 것만 같지 못하며,

침탈하여 남을 괴롭히다가 원망을 사는 것은
검소하게 살면서 마음을 수양하는 것만 같지 못하고,

제멋대로 굴면서 욕심을 다 채우는 것은
검소하게 살면서 성명을 안전하게 하는 것만 같지 못하다.

貪饕以招辱, 不若儉而守廉;

干請以犯義, 不若儉而全節;

侵牟以聚怨, 不若儉而養心;

放肆以遂欲, 不若儉而安性.

【貪饕】 아무리 먹어도 끝이 없는 식욕의 짐승. 고대 신화 속의 동물인 도철
  (饕餮)을 가리킴.《戰國策》燕策(3)에 "今秦有貪饕之心, 而欲不可足也"라 함.
【干請】 청탁과 같음. '干'은 '求'와 같음.《後漢書》清河孝王慶傳에 "及今口目
  尙能言視, 冒昧干請"이라 함.

【全】온전히 함. 보전함.《孫子》謀攻篇에 "凡用兵之法, 全國爲上, 破國次之"
라 함.
【侵牟】'侵蛑, 侵侔'등으로도 표기하며 침탈하여 해를 입힘을 말함.《漢書》
景帝紀에 "漁奪百姓, 侵牟萬民"이라 함.
【逐欲】하고 싶은 바를 이룸. 욕망을 완수함.《晏子春秋》諫下에 "逐欲滿求,
不顧細民, 非存之道"라 함.
【放肆】제멋대로 함. 방종함과 방자함.

194(3-102)
연후에야

조용히 앉아 있어 본 연후에야
평소 들뜬 기분으로 살았음을 알 수 있고,

침묵을 지켜본 연후에야
평소 말이 조급하였음을 알 수 있고,

일을 줄여본 연후에야
평소 마음이 너무 바빴음을 알 수 있고,

문을 닫아걸어 본 연후에야
평소 교유가 너무 넘쳐났었음을 알 수 있고,

욕심을 줄여본 연후에야
평소 병이 많았음을 알 수 있고,

인지상정을 가까이 헤아려본 연후에야
평소 생각이 너무 각박했었음을 알 수 있다.

靜坐, 然後知平日之氣浮;

守黙, 然後知平日之言躁;

省事, 然後知平日之心忙;

閉戶, 然後知平日之交濫;

寡欲, 然後知平日之病多;

近情, 然後知平日之念刻.

【平日】 평소, 자신도 깊이 깨닫지 못하고 그저 저질렀던 일들을 말함.
【氣浮】 들떠 사는 분위기.
【守黙】 말없음을 지켜냄. 黙言을 지속함.
【省事】 일을 줄여서 덜어냄. 《明心寶鑑》에 "生事事生, 省事事省"이라 함.
【交濫】 교유가 너무 넘침. 아무 사람이나 마구 사귐.
【近情】 인지상정에 근접하여 헤아려봄. 淸 朱伯韓의 〈續蘇明允諫論〉에 "賞罰
莫若近情, 近情則可行"이라 함.
【念刻】 생각하는 것이 너무 각박함.

195(3-103)
병이 없는 이 몸

병이 없는 몸은 그 때는 그것이 즐거움인 줄 모르다가
병이 나서야 비로소 그 병 없을 때가 즐거웠음을 깨닫게 된다.

일이 없는 집안일 때 그 복을 알지 못하다가
일이 터지고 나서야 비로소 일 없을 때가 복이었음을 알게 된다.

無病之身, 不知其樂也, 病生, 始知無病之樂;
無事之家, 不知其福也, 事至, 始知無事之福.

【事至】 일이 생김. 처리하기 힘든 일이 터짐.

196(3-104)
초를 씹는 맛

욕심이 마침 막 불타오를 때
병들었다 생각하면 흥이 일순간 식어들 것이요,
이익에 대한 생각이 막 불타오를 때
죽음을 생각하면 마치 초를 씹는 맛이 되고 말 것이다.

欲心正熾時, 一念著病, 興似寒冰;
利心正熾時, 一想到死, 味同嚼蠟

【正熾】막 불타오르고 있음.《尉繚子》治本에 "民相輕佻, 則欲心興, 爭奪之
患起"라 함.
【寒冰】차가운 얼음. 분위기가 일순간 식음.
【利心】이욕을 바라는 마음. 朱熹《近思錄》(7)을 볼 것.
【嚼蠟(작랍)】초를 씹을 때의 불편한 상태.

참고 및 관련 자료

1.《近思錄》(7) 朱熹
"不獨財利之利, 凡有利心便不可. 如作一事, 須尋自家穩便處, 皆利心也."

197(3-105)
상반된 현상

하나의 즐거운 경계는
곧 하나의 즐겁지 않은 것이 대항하고 있고,

하나의 좋은 광경에는
곧 하나의 좋지 않은 것이 그것을 한꺼번에 제거하고자 하는 것이 있다.

有一樂境界, 卽有一不樂者相對待;
有一好光景, 便有一不好底相乘除.

【對待】대립하여 마주하고 있음. 대항함. 대립함. 《朱子語類》(78)에 "是兩物
　相對待在這裡, 故有文; 若相離去不相干, 便不成文矣"라 함.
【底】백화어 '的과' 같음. '~는 (것)'의 용법.
【乘除】곱하기로 상승하여 모두 합산하여 이를 한꺼번에 제거해버림. 소제해
　없애버림. 唐 韓愈의 〈三星行〉에 "名聲相乘除, 得失少有餘"라 하였고, 南宋
　陸游의 〈遣興〉에는 "寄語鶯花休入夢, 世間萬事有乘除"라 함.

> 참고 및 관련 자료

1. 〈原注〉
○ 只是尋常茶飯, 實地風光, 纔是安樂窩.
○ 胡文定公云: 「人家最不要事事足意, 常有些不足處方好; 纔事事足意, 便有
不好事出來, 歷試歷驗.」

198(3-106)
여유와 여지

일이란 여유도 남기지 않은 채 다해서는 안 되며,
말이란 하고 싶은 대로 다해서는 안 된다.
세력이란 의지할 데까지 다 이용해서는 안 되며,
복이란 누릴 데까지 다 누려서는 안 된다.

事不可做盡, 言不可道盡,
勢不可倚盡, 福不可享盡.

【做盡】 그 일을 다해치움. 여유를 남기지 않음을 뜻함.
【道盡】 하고 싶은 말을 다함. 道는 '말하다'의 뜻.

[참고 및 관련 자료]

1. 〈原注〉
○ 邵康節詩云: 『美酒飮敎微醉後, 好化看到半開時.』 最爲親切有味.

199(3-107)
끝까지 가지 말라

음식은 다 먹어치워서는 안 되며,
옷은 다 입어치워서는 안 되며,
말은 마지막 말까지 해서는 안 된다.

다시 깊이 이해해야 하며,
나아가 실행해 내야 하며,
더 나아가 참아내어야 한다.

不可喫盡, 不可穿盡, 不可說盡;
又要懂得, 又要做得, 又要耐得.

【喫盡】 다 먹어 치움. '喫'은 '吃'과 같음.
【懂得】 알아냄. 깊이 이해해 냄. '得'은 백화어에서 可能補語로 쓰임.
【做得】 실행해냄.
【耐得】 능히 참아냄.

■ 참고 및 관련 자료

1. 〈原注〉
○ 粗淺語, 卻不容易做到.

200(3-108)
소화하기 어려운 음식

소화하기 어려운 음식은 먹지 말고,
얻기 어려운 물건은 비축해두지 말라.

갚기 어려운 은혜는 받지 말고,
오래갈 수 없는 친구는 사귀지 말라.

다시 만날 수 없는 기회는 놓치지 말고,
지켜낼 수 없는 재물은 쌓아두지 말라.

씻어낼 수 없는 비방은 변론하지 말고,
풀어낼 수 없는 분노는 비교하지 말라.

難消之味休食, 難得之物休蓄,
難酧之恩休受, 難久之友休交,
難再之時休失, 難守之財休積,
難雪之謗休辯, 難釋之忿休較.

【休】 금지명령어.
【酧】 '酬'와 같음. 은혜 따위를 갚음.
【雪】 동사로 '씻다, 설욕하다, 雪恥하다'의 뜻. 《韓非子》難一에 "管仲雪桓公
　　之恥於小人, 而生桓公之恥於君子矣"라 함.
【較】 計較. 비교하여 상대에게 받은 분함을 따져봄.

201(3-109)
할 수 없는 일들

밥은 씹지 않은 채 곧바로 삼킬 수 없으며,
길은 살피지 않은 채 마구 걸을 수 없으며,
말은 생각해보지 않은 채 마구 내뱉을 수 없으며,
일은 생각해보지 않은 채 마구 저지를 수 없으며,
옷은 날씨를 조심하지 않은 채 마구 벗을 수 없으며,
재물은 자세히 따져보지 않은 채 마구 취할 수 없으며,
기분은 참지도 않은 채 마구 행동으로 옮길 수 없으며,
벗은 선택하지 않은 채 마구 사귈 수 없는 것이다.

飯休不嚼便咽, 路休不看便走,
話休不想便說, 事休不思便做,
衣休不愼便脫, 財休不審便取,
氣休不忍便動, 友休不擇便交.

【休】否定命令, 禁止命令을 의미하는 부사.
【便】'문득, 곧바로.' 강조를 뜻하는 표현법. 백화어 '就'와 같음.
【咽】음식물 따위를 삼킴.
【脫】기후나 날씨를 살피지 아니하고 옷을 벗을 수 없음을 말함.
【氣】기분. 정서.

202(3-110)
착한 일과 악한 일

착한 일이란 마치 무거운 짐을 지고 산을 오르는 것과 같아서
뜻이 비록 이미 굳게 세워졌다 해도
힘이 그에 미치지 못할까 걱정일 때가 있다.

악한 일을 저지르는 것은 마치 준마를 타고 언덕을 내려오는 것과
같아서
비록 채찍을 휘두르지 않아도
그 발은 앞으로 내닫는 것을 멈추게 할 수 없다.

爲善如負重登山, 志雖已確, 而力猶恐不及;
爲惡如乘駿走坂, 鞭雖不加, 而足不禁其前.

【走坂】 언덕길을 내려옴. 坂은 내리막길로 이루어진 언덕.
【不禁其前】 그 말이 아래로 내려가는 것을 막을 수 없음.

203(3-111)
역류에서의 노젓기

욕심을 막는 일은 마치 물을 역류하여 배를 저어 가는 것과 같아서,
잠시 손을 쉬자마자 곧 아래로 밀려 떠내려가게 된다.

선한 일을 힘써 하는 것은 마치 가지 없는 나무를 오르는 것과 같아서,
발을 멈추면 곧 아래로 추락하게 된다.

防欲如挽逆水之舟, 纔歇手, 便下流;
力善如緣無枝之樹, 纔住脚, 便下墜.

【纔】'才'와 같음. 겨우, '～ 하자마자'의 구형에 쓰임.
【力善】선한 일을 하기에 힘씀.
【緣】나무 따위를 잡고 오름. '緣木求魚'의 '緣'과 같음.
【住脚】발 딛고 타고 오르기를 멈춤. '住'는 '停'과 같음.

참고 및 관련 자료

1. 〈原注〉
○ 君子之心, 無時而不敬畏者, 以此.

204(3-112)
담은 크게, 마음은 작게

담은 크게 갖고, 마음은 작게 가지며,
지혜는 원만히 응용하고 행동은 방정하게 하고자 하라.

膽欲大, 心欲小;
智欲圓, 行欲方.

【膽欲大】 이 다음에 "見義勇爲"라는 말이 더 있음.
【心欲小】 이 다음에 "文理密察"이라는 말이 더 있음.
【智略圓】 이 다음에 "應物無滯"라는 말이 더 있음. 漢 桓寬의 《鹽鐵論》의
"孔子能方不能圓"이라 함.
【行欲方】 이 다음에 "截然有執"이라는 말이 더 있음.《管子》霸言에 "夫王者
之心, 方而不最"라 함.

╭─────────────────────╮
│ 참고 및 관련 자료 │
╰─────────────────────╯

1. 《淮南子》 主術訓
"凡人之論, 心欲小而志欲大, 智欲圓而行欲方, 能欲多而事欲鮮."
2. 唐 劉肅의 《大唐新語》(隱逸)
"孫思邈又曰: 膽欲大而心欲小, 智欲圓而行欲方."
3. 《明心寶鑑》 存心篇
"孫思邈言:「膽欲大, 而心欲小. 智欲圓, 而行欲方.」"

4.《昔時賢文》

"志宜高而身宜下, 膽欲大而心欲小."

5.《幼學瓊林》人事篇

"智欲圓而行欲方, 膽欲大而心欲小."

205(3-113)
성현과 호걸

진정한 성현은 결코 우활迂闊하거나 부란腐爛하지 않으며,
참된 호걸은 결단코 거칠거나 소홀히 함이 없다.

眞聖賢, 決非迂腐;
眞豪傑, 斷不粗疏.

【迂腐(우부)】 우활(迂闊)하고 부란(腐爛)함. 더 이상 새롭게 변화할 수 없음을
말함.
【斷】 '斷然코'의 뜻. 否定式 문장에 쓰임. 梁(南朝) 陶弘景의 《冥通記》(1)에
"二者斷不食肉"이라 함.
【粗疏】 조악하고 소략함. 거칠고 소홀히 함.

206(3-114)
대장부와 아녀자

용이 소리를 내고 호랑이가 포효하며,
봉황이 날개를 젓고 난새가 비상하는 것,
이것이 대장부의 기상이다.

누에가 고치를 틀고 거미가 거미줄을 치며,
개미가 굴을 틀어막고 지렁이가 흙을 뱉어 다지는 것,
이는 아녀자가 할 일이다.

龍吟虎嘯, 鳳翥鸞翔, 大丈夫之氣象;
蠶繭蛛絲, 蟻封蚓結, 兒女子之經營.

【龍吟虎嘯(용음호소)】용이 소리를 내고 호랑이가 포효함. 아주 큰일들.
【鳳翥鸞翔(봉저란상)】봉황새가 날로 난조가 비상함.
【大丈夫】《孟子》滕文公(下)에 "居天下之廣居; 立天下之正位; 行天下之大道.
 得志, 與民由之; 不得志, 獨行其道, 富貴不能淫; 貧賤不能移, 威武不能屈.
 此之謂大丈夫"라 함.
【蠶繭蛛絲(잠견주사)】누에가 고치를 틀고 거미가 실을 토해 거미줄을 침.
 사소한 일.
【蟻封蚓結(의봉인결)】개미가 굴을 막고 지렁이가 흙 속에서 흙을 토하여
 얽음.
【兒女子】대장부에 상대하여 쓴 말.《史記》高祖本紀에 "此非兒女子所知也"
 라 함.
【經營】모책을 세워 어떤 일이나 사업을 이끌어나감.

207(3-115)
치료하고 털어버려라

'꺽꺽'하며 제대로 내뱉지 못하는 말과 '랄랄'하며 쉬지 않고 둘러대는 말,
이는 모두가 보통 사람들의 말버릇 병이다.
이는 꾀꼬리 노래와 제비의 재잘거림을 청하여 치료해야 한다.

'연련'하여 놓지 못하고, '홀홀'하며 잊을 듯 하는 감정,
이는 각기 가지고 있는 일종의 사랑에 대한 치정이다.
마땅히 솔개 날고, 물고기 뛰어오르는 모습을 보고 정화시켜야 한다.

格格不吐, 刺刺不休, 總是一般語病, 請以鶯歌燕語療之;
戀戀不舍, 忽忽若忘, 各有一種情癡, 當以鳶飛魚躍化之.

【格格】말이 막히거나 논리가 모자라 구애를 받음. 말을 제대로 하지 못하고
'꺽꺽'하고 있음.
【刺刺】'랄'로 읽으며 말이 같은 논리에서 빙글빙글 돌기만 함. '랄랄'하고
말을 돌리고 있음.
【鶯歌燕語】꾀꼬리의 '꾀꼴꾀꼴'하는 노래와 제비의 '지지배배'하는 소리. 말
소리가 청랑하고 아름다움을 뜻함.
【不舍】'舍'는 '捨'와 같음. 포기하지 못함. 놓지 못함.
【情癡】사랑이나 정에 얽매어 백치처럼 됨.
【鳶飛魚躍】솔개가 시원하게 날고 물고기가 못에서 물위로 뛰어오는 모습을
보고 느끼는 정서. 만물이 각기 자신의 뜻을 얻어 시원하게 행동함을 말함.
《詩經》大雅 旱麓의 구절.
【化】消化. 녹여서 없애버림.

1.《詩經》大雅 旱麓

"鳶飛戾天, 魚躍於淵"이라 하였고, 孔穎達의 疏에 "其上則鳶鳥得飛至於天以
遊翔, 其下則魚皆跳躍於淵中以喜樂, 是道被飛潛, 萬物得所, 化之明察故也"
라 함.

208(3-116)
점을 치고 기도한들

길흉의 소식을 시구著龜에게 물어보아도,
의혹은 여전히 똘똘 뭉쳐 맺혀 있고,

방구석 신과 아궁이 신에게 복을 달라 빌어도,
분에 넘치는 욕심에 한갓 노고로울 뿐일세.

問消息於著龜, 疑團空結;
祈福祉於奧竈, 奢想徒勞.

【消息】사라지고 다시 생겨나는 만물의 변화와 순화.
【著龜(시구)】점을 칠 때 사용하는 점대풀과 거북 껍질.《博物志》雜說(上)
및《周易》繫辭(上) 참조.
【疑團空結】의혹은 그대로 똘똘 뭉쳐 헛되이 맺혀 있음.

【奧竈(오조)】奧는 방의 서남쪽 귀퉁이에 있다고 믿었던 집안의 신이며, 竈는
   부엌 아궁이(부뚜막)를 담당하는 신. 《論語》八佾篇 및 《太平御覽》(529), 《搜
   神記》088(4-18) 등을 참조할 것.
【奢想】 사치롭게 무엇을 바람. 분에 넘치는 희망이나 요구. 욕심.
【徒勞】 한갓 노고로울 뿐임.

참고 및 관련 자료

1. 〈原注〉
○ 慈湖先《訓》云:「心吉則百事俱吉, 古人於爲善者曰吉人, 是此人通體皆吉,
世間凶神惡煞, 如何干犯得他?」眞乃窺見本原之確論也.
○ 劉念臺云:「《易》教所言趨吉避凶者, 蓋趨善而避惡也. 今人解吉凶, 都說向
人事上去, 大錯.」

2. 《博物志》雜說(上)
"蓍一千歲而三百莖同本, 以老, 故知吉凶. 蓍末大於本爲上吉, 筮必沐浴齋潔
燒香, 每朔望浴蓍, 必五浴之. 浴龜亦然. 〈明夷〉曰:「昔夏后筮乘飛龍而登於天,
而枚占皐陶, 曰:『吉』. 昔夏啓果徙九鼎, 啓果徙之.」"

3. 《周易》繫辭(上)
"探賾索隱, 鉤深致遠, 以定天下之吉凶, 成天下之亹亹者, 莫大於蓍龜."

4. 《論語》八佾篇
"王孫賈問曰:「與其媚於奧, 寧媚於竈, 何謂也?」子曰:「不然; 獲罪於天, 無所
禱也.」"라 하였고, 集註에는 "室西南隅爲奧. 竈者, 五祀之一, 夏所祭也. 凡祭
五祀, 皆先設主而祭於其所, 然後迎尸而祭於奧, 略如祭宗廟之儀. 如祀竈, 則設
主於竈陘, 祭畢, 而更設饌於奧, 以迎尸也. 故時俗之語:「因以奧有常尊, 而非
祭之主; 竈雖卑踐, 而當時用事.」"라 함.

5. 《太平御覽》(529) 鄭玄 注
"宗廟及五祀之神, 皆祭於奧; 室西南隅之奧也. 夫竈, 老婦之祭."

6. 《搜神記》088(4-18)에 이 고사가 자세히 실려 있으며, 《禮記》에는 '孟夏
(음력 4월)에 지낸다'라 하였음.

209(3-117)
겸손과 침묵

겸손함이란 아름다운 덕이다.
　그러나 지나치게 겸손함을 꾸미는 자는 남을 속이고자 하는 마음을
품고 있는 것이다.

　침묵은 떳떳한 행동이다.
　그러나 지나치게 침묵함을 꾸미는 것은 간사함을 감추고 있는 것이다.

謙, 美德也, 過謙者懷詐;
黙, 懿行也, 過黙者藏奸.

【過謙】 지나치게 겸손한 척함. '過恭非禮'와 같음.
【懷詐】 남을 속이고자 하는 마음을 품고 있음.
【懿行】 떳떳한 행동.
【藏奸】 간사함을 감추고 있음.

참고 및 관련 자료

1. 〈原注〉
○ 謙不中禮, 所損甚多. 若能於禮字中求一中字, 則過與不及皆非矣.
○ 鷹立如睡, 虎行如病, 乃是他攫人·噬人的手段. 奸惡之輩, 多形此態, 不可
不知.

210(3-118)
정직과 화목

정직함은 화를 범하지 않으며,
화목은 정의를 해치지 않는다.

直不犯禍, 和不害義.

【犯禍】 재앙을 접촉하여 화를 자초함.
【害義】 정의를 해침. 《孔子家語》 好生篇에 "小辯害義, 小言破道"라 함.

211(3-119)
아홉 가지 바른 태도

원만히 융합하는 자는 남의 의견만 따르는 태도를 취하지 않으며,
정밀하고 세심한 자는 가혹히 살피려는 마음을 갖지 않고,
방정한 자는 어그러지고 뒤틀린 실수를 하지 않으며,
침묵하는 자는 음험한 술수를 쓰지 않으며,
성실하고 독실한 자는 우둔한 짓을 하지 않으며,
광명한 자는 천박한 노출의 병폐가 없으며,
질기고 곧은 자는 마구 일을 저지르는 치우침이 없으며,

고집과 긍지가 있는 자는 얽매임의 흔적을 남기지 않으며,
민첩하고 숙련된 자는 경솔하고 부박浮薄한 모습을 보이지 않는다.

圓融者無詭隨之態,
精細者無苛察之心,
方正者無乖拂之失,
沉默者無陰險之術,
誠篤者無椎魯之累,
光明者無淺露之病,
勁直者無徑情之偏,
執持者無拘泥之迹,
敏煉者無輕浮之狀.

【詭隨】시비를 가리지 아니하고 남의 의견에 휩쓸려 영합함. 詩經 大雅
民勞에 "無縱詭隨, 以謹無良"이라 하였고, 朱熹의 〈集傳〉에 "詭隨, 不顧是
非而妄隨人也"라 함.
【苛察】가혹하게 살핌. 지나치게 살핌.《莊子》天下篇에 "君子不爲苛察"
이라 함.
【乖拂】정리에 맞지 않게 제멋대로 흔들고 상반된 짓을 함. 어그러지고
뒤틀림.
【椎魯】우둔함. 魯鈍함.
【淺露】천박하게 노출함.
【徑情】자기 마음대로 행동함.《鶡冠子》著希篇 참조.
【敏煉】민첩하고 많은 일에 숙련이 된 자.
【輕浮】경솔하고 浮薄함.

1. 〈原注〉

○ 有所長, 而矯其長之失, 此是全才, 是善學.

○ 陳榕門云:「人有一長處, 即有一病處, 其病處即在所長之中. 長善救失, 全憑學問.」

2.《鶡冠子》著希篇

"夫義, 節欲而治; 禮, 反情而辨者也. 故君子弗徑情而行也."

212(3-120)
여덟 가지 부족함

재능이 부족하면 모책만 많이 세우게 되고,
식견이 부족하면 일만 많이 만들게 된다.

위엄이 부족하면 화를 잘 내게 되며,
믿음이 부족하면 말이 많게 된다.

용기가 부족하면 힘만 많이 들게 되며,
명석함이 부족하면 이리저리 많이 살피게 된다.

이론이 부족하면 말이 많게 되며,
정감이 부족하면 형식만 많이 갖추게 된다.

才不足則多謀, 識不足則多事,

威不足則多怒, 信不足則多言,

勇不足則多勞, 明不足則多察,

理不足則多辯, 情不足則多儀.

【多察】 이리저리 줏대 없이 살피고자 함.

【多儀】 자꾸 형식적인 예의, 절차, 의식만을 갖추려 함.

213(3-121)
인의예지신의 적

사사로운 은덕이나 그것을 너무 고맙게 여기는 것은 인仁의 적賊이요,

지금 길로만 내닫고 짐은 가볍게 지는 것은 의義의 적賊이요,

지나치게 공손하며 거짓 태도를 짓는 것은 예禮의 적賊이요,

가혹하게 살피거나 지나치게 의심하는 것은 지智의 적賊이요,

구차스럽게 묶어두고 고집을 부리는 것은 신信의 적賊이니라.

私恩煦感, 仁之賊也;

直往輕擔, 義之賊也;

足恭僞態, 禮之賊也;

苛察歧疑, 智之賊也;

苟約固守, 信之賊也.

【私恩】 사사로운 은덕. 《韓非子》 飾邪篇 참조.

【煦感(후감)】 아주 크게 감동하여 고맙게 생각함. 후(煦)는 '따뜻하다'의 뜻.

【賊】 賊害. 禍害. 盜賊. 《韓詩外傳》(7) 참조.

【直往】 지름길로 감.

【足恭】 '주공'으로 읽으며 남에게 예쁨을 받고자 지나치게 공손히 하는 행동.
《論語》 公冶長篇 참조.

【苛察歧疑】 지나칠 정도로 가혹하게 살피며, 비뚤어진 시각으로 의심을 함.

> 참고 및 관련 자료

1. 〈原注〉

○ 此五賊者, 破道亂政, 聖門斥之. 後世儒者, 往往稱之以訓世, 無識也夫.

2. 《韓非子》 飾邪篇

"必明於公私之分, 明法制, 去私恩."

3. 《韓詩外傳》(七)

"爲善者天報之以福, 爲不善者天報之以賊."

4. 《論語》 公冶長篇

"子曰:「巧言·令色·足恭, 左丘明恥之, 丘亦恥之. 匿怨而友其人, 左丘明恥之,
丘亦恥之.」"라 하였고, 주에 "足, 過也"라 함.

214(3-122)
상반된 인의예지신

경우에 따라서는 죽이는 것이 인仁이 될 수도 있다.
살려두었다가는 더욱 불인한 짓을 저지를 수 있기 때문이다.

때에 따라서는 취하는 것이 의義로울 수도 있다.
주었다가는 더욱 불의한 짓을 저지를 수 있기 때문이다.

경우에 따라서는 낮추는 것이 예禮일 수도 있다.
높였다가는 더욱 예에 어긋난 짓을 저지를 수 있기 때문이다.

때에 따라서는 알지 못하는 것이 지智일 수도 있다.
알았다가는 지혜롭지 못한 짓을 저지를 수 있기 때문이다.

경우에 따라서는 말을 위배하는 것이 신信일 수도 있다.
그 말을 실천했다가는 도리어 믿음이 없는 짓을 저지를 수 있기
때문이다.

有殺之爲仁, 生之爲不仁者;
有取之爲義, 與之爲不義者;
有卑之爲禮, 尊之爲非禮者;
有不知爲智, 知之爲不智者;
有違言爲信, 踐言爲非信者.

【卑之】상대를 비하함. 멸시함. 경시함.

【踐言】그 말을 실천에 옮김.《禮記》曲禮(上)에 "修身踐言, 謂中善行"이라 함.

```
참고 및 관련 자료
```

1. 〈原注〉
○ 陳榕門云:「以義理爲權衡, 則輕重大小之間, 看得不爽, 行得不錯. 婦人之仁, 匹夫之義, 拘謹之禮, 穿鑿之智, 硜硜之信, 總爲不權衡於義理耳.」

215(3-123)
우직함과 간사함

우직한 충성과 우직한 효도는
실제 능히 천지의 강상綱常을 붙잡고 있는 것이다.
안타깝게도 성인의 재단을 만나지 못하여
아직 그 방에 들어갈 기회를 얻지 못하였을 뿐이다.

큰 속임과 큰 간사함은
가끔 세간에서 공명과 업적을 세울 수도 있다.
그러나 만약 영명한 군주의 통제를 받지 않으면
틀림없이 난을 일으켜 발호하는 짓으로 끝을 맺을 것이다.

愚忠愚孝, 實能維天地綱常, 惜不遇聖人裁成, 未嘗入室;
大詐大奸, 偏會建世間功業, 倘非有英主駕馭, 終必跳梁.

【愚忠】 우직한 충성. '詐忠'에 상대되는 말. 《史記》 酷吏列傳에 "狄山曰: 臣固 愚忠, 若御史大夫湯乃詐忠"이라 함.
【維】 실이나 끈으로 매고 있음. 붙들고 있음.
【綱常】 삼강오륜 등 인륜의 큰 벼리와 常道.
【裁成】 좋은 옷감처럼 잘 재단하여 작품을 만들어 성취시킴. 《論語》 公冶 長篇 참조.
【入室】 《論語》 先進篇 참조.
【偏會】 '가끔 ~을 할 수 있다'의 뜻. 그러한 경우가 나타날 수도 있음.
【跳梁】 다리를 건너지 않고 뛰어넘음. 跋扈함. 난을 일으킴을 뜻함.

1. 《論語》 公冶長篇
"子在陳, 曰:「歸與! 歸與! 吾黨之小子狂簡, 斐然成章, 不知所以裁之.」"라 하였고, 주에 "裁, 割正也"라 하여 '바르게 끊어줌을 뜻한다'라 하였음.
2. 《論語》 先進篇
"子曰:「由之瑟奚爲於丘之門?」 門人不敬子路. 子曰:「由也升堂矣, 未入於室也.」"라 하였고, 邢昺 주에 "言子路之學識深淺, 譬如自外入內, 得其門者. 入室爲深, 顏淵是也; 升堂次之, 子路是也"라 함.

216(3-124)
해야 할 일과 하지 말아야 할 일

그것을 해낼 수 없음을 알고 났을 때,
이를 마음 가는 대로 맡겨두어야 하는 것은,
달인이나 지사가 가져야 할 견해이다.

그것을 해낼 수 없음을 알고 나서도,

역시 이를 온 힘을 쏟아 해내고자 해야 하는 것은,

충신효자가 가져야 할 마음 태도이다.

知其不可爲, 而遂委心任之者, 達人智士之見也;

知其不可爲, 而亦竭力圖之者, 忠臣孝子之心也.

【委心】마음이 가고자 하는 대로 맡김. 자연 섭리를 따름.《淮南子》精神訓
　참조.

【見】식견, 견해.

【竭力圖之】있는 힘을 다 쏟아 이를 이루려 시도함. 충성과 효도는 이러한
　마음을 가져야 하는 것임.

참고 및 관련 자료

1.〈原注〉

○ 陳榕門云:「其知可及, 其愚不可及, 蓋指此種.」

2.《淮南子》精神訓

"淸目而不以視, 靜耳而不以聽, 鉗口而不以言, 委心而不以慮."

217(3-125)
소인과 군자의 재주

소인에게는 재주 있는 것이 오히려 두렵다.
재주가 있으면 그것이 악을 조장하여
그 해악이 끝없이 퍼져나갈 것이기 때문이다.

군자에게 재주 없는 것이 두렵다.
재주가 없으면서 일을 실행하게 되면
비록 똑똑하다 한들 무슨 보탬이 되겠는가?

小人只怕他有才, 有才以濟之, 流害無窮;
君子只怕他無才, 無才以行之, 雖賢何補?

【濟】 도와줌. 조장함.
【賢】 똑똑함.

(附) 섭생攝生

〈지궁持躬〉의 부록으로 싣고 있으며 음식, 기욕, 생활습관 등을 조절하여 무병장수하도록 권유한 내용이다. 중국 역대 양생론養生論과 맥을 같이 하고 있으며, 오행과 육신의 관계를 고려하여 자연 섭리에 맞게 모든 것을 절제할 것을 당부하고 있다.

모두 20조이다.

〈潑墨仙人圖〉 宋, 梁楷(그림) 臺北故宮博物院 소장

218(3-126)
병을 물리치는 법

풍한風寒을 삼가고 음식을 절제하는 것,
이것이 우리가 몸을 위해 지켜야 할 각병법卻病法이다.

기욕嗜欲을 줄이고 번뇌를 경계하는 것,
이것이 우리가 마음을 위해 지켜야 할 각병법이다.

愼風寒, 節飮食, 是從吾身上卻病法;
寡嗜欲, 戒煩惱, 是從吾心上卻病法.

【風寒】 감기나 풍병.
【卻病法(각병법)】 병을 퇴각시키는 방법. 수양법. 양생법.
【嗜欲(기욕)】 '嗜慾'과 같음. 기호나 욕심. 끊을 수 없는 중독.

참고 및 관련 자료

1. 〈原注〉
○ 養生以養心爲主, 而養心又在凝神. 神凝則氣聚, 氣聚則形全, 若日逐勞
擾憂煩, 神不守舍, 則易至衰老, 且百病從此生矣. 一收視返聽, 凝神於太虛,
無一毫雜思妄念, 神入氣中, 氣與神合, 則息自定, 神明自來, 不過片響間耳.

219(3-127)
여덟 가지 양생법

생각을 줄여 심장의 기운을 양성하고,
색욕을 줄여 콩팥의 기운을 보양하고,
망령된 행동을 하지 않아 뼈의 기운을 길러주고,
성냄과 분노를 경계하여 간의 기운을 양성하며,
음식 맛을 담박하게 하여 위장의 기운을 보양하고,
말을 줄여 정신의 기운을 길러주며,
독서를 많이 하여 쓸개의 기운은 양성하고,
사시와 절기 순서를 잘 지켜 원기元氣를 보양하라.

少思慮以養心氣, 寡色欲以養腎氣,

勿妄動以養骨氣, 戒嗔怒以養肝氣,

薄滋味以養胃氣, 省言語以養神氣,

多讀書以養膽氣, 順時令以養元氣.

【心氣】심장의 기운.《靈樞經》참조.
【骨氣】筋骨의 기운.
【嗔怒(진노)】성냄. 노기. 이는 火氣로써 肝과 연관이 되는 것으로 보았음.
《素問》참조.
【神氣】정신의 기운. 東漢 仲長統의《昌言》(下) 참조.
【膽氣】쓸개의 기운.《後漢書》光武帝紀에 "諸將旣經累捷, 膽氣益壯, 無不一以
當百"이라 함.
【時令】四時와 節令. 春夏秋冬과 24節期.

1. 〈原注〉

○ 凡人元氣已索, 而血肉未潰, 飲食起居, 不甚覺也. 一旦外邪襲之, 溘然死矣.
不怕千日怕一旦, 一旦者, 千日之積也; 千日可爲, 一旦不可爲矣. 故愼於千日,
正以防其一旦耳.

2. 《靈樞經》天年

"六十歲, 心氣始衰, 故憂愁, 血氣懈惰, 故好臥."

3. 《素問》脉要精微論

"肝氣盛則夢怒, 肺氣盛則夢哭."

4. 東漢 仲長統 《昌言》(下)

"和神氣, 懲思慮, 避風濕, 節飮食, 適嗜欲, 此壽考之方也."

220(3-128)
원기를 소진시키는 것들

근심에 싸이면 기가 맺혀 풀리지 않고,
분노가 쌓이면 기가 거꾸로 솟으며,
두려움에 싸이면 기가 함몰하고,
속박을 당해 얽매이면 기가 **빽빽**하여 갇히고,
급히 하거나 서두르면 기가 소모된다.

憂愁則氣結,

忿怒則氣逆,

恐懼則氣陷,
拘迫則氣鬱,
急遽則氣耗.

【氣結】사람의 기가 맺혀 풀리지 않음.
【拘迫】속박된 채 핍박을 받음.

참고 및 관련 자료

1. 〈原注〉
○ 是惟心平氣和, 斯爲載道之器.

221(3-129)
느림

행동은 느리되 안정감이 있도록 하고,
설 때는 바르게 서되 공손함이 있도록 하며,

앉을 때는 바르게 앉아 단정함이 있도록 하며,
목소리는 낮추되 온화함이 있도록 하라.

行欲徐而穩, 立欲定而恭,
坐欲端而正, 聲欲低而和.

【穩】 안온함. 안정감이 있음.
【恭】 공손함. 《論語》 顔淵篇 참고.

참고 및 관련 자료

1. 〈原注〉
○ 善養氣者, 常於動中習靜, 使此身常在太和元氣中, 久久自有聖賢氣象.
2. 《論語》 顔淵篇
"司馬牛憂曰:「人皆有兄弟, 我獨亡.」子夏曰:「商聞之矣: 死生有命, 富貴在天.
君子敬而無失, 與人恭而有禮. 四海之內, 皆兄弟也. 君子何患乎無兄弟也?」"

222(3-130)
신체의 훈련

마음과 정신은 조용히 갖고자 하며,
뼈와 힘은 움직이고자 하라.

가슴은 열어놓고자 하며,
근육과 육신은 굳게 갖고자 하라.

등뼈는 곧게 펴고자 하며,
창자와 위는 깨끗하게 갖고자 하라.

혀끝은 말아 올리기에 힘쓰고,
다리와 발꿈치는 안정되게 갖고자 하라.

귀와 눈은 맑게 가지려 애쓰고,
정신과 혼백은 바르게 갖고자 하라.

心神欲靜, 骨力欲動,

胸懷欲開, 筋骸欲硬,

脊梁欲直, 腸胃欲淨,

舌端欲捲, 脚跟欲定,

耳目欲淸, 精魂欲正.

【骨力】근골. 신체의 뼈와 근육.
【欲捲】혀를 늘 말려 올려 훈련을 시킴.

223(3-131)
마음 다스림

조용히 앉아 마음 거두기를 자주하고,
주색을 줄여 마음을 맑게 하며,
기욕을 제거하여 마음을 수양하며,
옛사람의 좋은 말을 감상하여 마음을 경계시키며,
지극한 원리를 터득하여 마음을 밝게 하라.

多靜坐以收心,

寡酒色以淸心,

去嗜欲以養心,

玩古訓以警心,

悟至理以明心.

【玩古訓】옛사람의 명언이나 좋은 가르침을 玩賞함.《周易》繫辭(上)에 "是故 君子居則觀其象而玩其辭, 動則觀其變而玩其占"이라 함.
【至理】우주만물의 至高至善한 대원칙. 자연의 섭리.

224(3-132)
오행과 오장의 관계

총애나 모욕에 전혀 놀라지 않으면
간의 목기木氣가 스스로 편안하고,

동정動靜을 경건함을 가지고 하면
심장의 화기火氣가 저절로 안정되고,

음식에 절제가 있으면
지라의 토기土氣가 새나가지 않고,

조절과 휴식, 그리고 말을 적게 하면
허파의 금기金氣가 온전하게 되고,

염담恬淡하여 욕심을 줄이면
콩팥의 수기水氣가 충족하니라.

寵辱不驚, 肝木自寧;
動靜以敬, 心火自定;
飮食有節, 脾土不洩;
調息寡言, 肺金自全;
恬淡寡欲, 腎水自足.

【寵辱】《老子》13장 참고.
【肝木】한의학에서 五行과 五臟을 연결시켜 상징적인 관계를 설명하는 것
　　으로 肝은 木, 心(심장)은 火, 脾(지라)는 土, 肺(허파)는 金, 腎(콩팥)은 水에
　　해당함.
【心火】심장의 화기. 明 謝肇淛의《五雜組》(人部1)에 "思慮多則心火上炎, 火炎
　　則腎水下涸, 心腎不交, 人理絶矣"라 함.
【恬淡(염담)】욕심이나 근심을 덜어버리고 담백하게 하여 편안한 마음을 가짐.
　　《菜根譚》참조.
【腎水】콩팥이 제 기능을 제대로 하지 못하여 생기는 병. 東漢 張仲景의
　　《金匱要略》水氣病 참조.

참고 및 관련 자료

1.《老子》13장
"「寵辱若驚, 貴大患若身」. 何謂寵辱若驚? 寵爲上, 辱爲下, 得之若驚, 失之若驚,
是謂寵辱若驚."
2.《菜根譚》(239)
"競逐聽人, 而不嫌盡醉; 恬淡適己, 而不誇獨醒."

3. 東漢 張仲景 《金匱要略》 水氣病

"腎水者, 其腹大, 臍腫, 腰痛, 不得溺, 陰下濕如牛鼻上汗, 其足逆冷, 面反瘦."

225(3-133)
도는 안정에서 생겨나고

도는 안정安靜에서 생겨나고,
덕은 겸양에서 생겨난다.

복은 청검淸儉에서 생겨나고,
운명은 화창함에서 생겨난다.

道生於安靜, 德生於卑退,
福生於淸儉, 命生於和暢.

【安靜】 편안하면서 조용함.
【卑退】 자신을 낮추어 물러섬. 양보함. 겸양을 실천함.
【淸儉】 청빈하며 검소함. 《後漢書》 蔡茂傳에 "茂代戴涉爲司徒, 在職淸儉
匪懈"라 함.
【和暢】 온화하고 밝음. 남에게 행동함이 화목함.

226(3-134)
천지의 화기

천지에는 하루도 화기和氣가 없어서는 안 되며,
사람의 마음에는 하루도 정신을 즐겁게 하는 일이 없어서는 안 된다.

天地不可一日無和氣,

人心不可一日無喜神.

【和氣】 우주가 순환하여 相生하며 相克하는 모든 기.
【喜神】 정신을 즐겁게 함. 정서적으로 즐거움을 느낌.

참고 및 관련 자료

1. 〈原注〉
○ 人常和悅, 則心氣恬而五臟安, 昔人所謂養歡喜神. 何文端公時, 曾有鄉人
過百歲, 公叩其術. 答曰:「予鄉村人, 無所知, 但一生只是喜歡, 從不知憂惱.」
此眞得養生要訣者.
○ 每日胸中一團太和元氣, 病從何生?

227(3-135)
다섯 글자의 수양법

'졸拙'자 하나면 가히 과실을 줄일 수 있고,
'완緩'자 하나면 가히 후회를 면할 수 있으며,
'퇴退'자 하나면 가히 화를 멀리 할 수 있고,
'구苟'자 하나면 가히 복을 길러낼 수 있으며,
'정靜'자 하나면 가히 수명을 늘일 수 있느니라.

「拙」字可以寡過,

「緩」字可以免悔,

「退」字可以遠禍,

「苟」字可以養福,

「靜」字可以益壽.

【拙】《老子》45장 참조.
【寡過】과실을 줄임.《論語》憲問篇 참조.
【苟】구차한 채로 긍정하고 살아감. 억지를 부리지 않음.

> 참고 및 관련 자료

1. 〈原注〉
○ 昔人論致壽之道有四:「曰慈, 曰儉, 曰和, 曰靜.」

2. 《老子》45장

"大直若屈, 大巧若拙, 大辯若訥."

3. 《論語》憲問篇

"蘧伯玉使人於孔子. 孔子與之坐而問焉, 曰:「夫子何爲?」對曰:「夫子欲寡其
過而未能也.」使者出. 子曰:「使乎! 使乎!」"

228(3-136)
진심과 원기

망령된 마음으로 진심을 해치지 말 것이며,
객기로써 원기를 상하게 하지 말지니라.

毋以妄心戕眞心, 毋以客氣傷元氣.

【妄心】 망령되이 마구 흐트러진 마음. 불교 용어. 《大乘起信論》에 "一切衆
生, 以有妄心, 念念分別"이라 함.
【戕】 창으로 찌름. 상해를 입힘. 《孟子》 告子(上)에 "孟子曰:「子能順杞柳之
性, 而以爲桮棬乎? 將戕賊杞柳而後以爲桮棬也? 如將戕賊杞柳而以爲桮棬,
則亦將戕賊人以爲仁義與? 率天下之人而禍仁義者, 必子之言夫!」"라 함.
【客氣】 일시의 기문에 움직이는 언행. 치우치고 격한 정서에 의해 일어나는
기분.

229(3-137)
넘겨라

뜻대로 되지 않을 경우엔 이를 제거하여 넘기면 되고,
빈한한 고통의 날에는 자신을 지켜 넘어가면 되며,
이치대로 되지 않는 경우가 다가오면 이를 받아넘기면 되고,
분노가 솟구칠 때면 참아내어 넘기면 되며,
기욕이 생겨날 때 참고 넘기면 되리라.

拂意處要遣得過,
清苦日要守得過,
非理來要受得過,
忿怒時要耐得過,
嗜欲生要忍得過.

【拂意】뜻대로 되지 않음. 의도한 바가 흔들려 성과를 이루지 못함.《詩經》
　大雅 皇矣에 "是伐是肆, 是絶是忽, 四方無以拂"이라 함.
【遣】보내버림. 없애버림.
【得】백화어 용법. '～할 수 있다'의 뜻.
【嗜欲】'기욕'과 같음. 기호와 욕망.

참고 및 관련 자료

1. 〈原注〉
○ 無故而以非理相加, 其中必有所恃. 小不忍, 禍立至矣.

○ 銷鑠人莫如忿與欲. 欲動水滲, 怒甚火炎, 故順忍耐, 則心火下降, 腎水上滋, 此吾儒坎離交濟功法, 何必仙家!

230(3-138)
줄여라

언어에 절제를 알면 재앙이 적어지고,
거동에 절제를 알면 후회가 줄어들며,
애모에 절제를 알면 추구하는 일이 줄어들고,
환락에 절제를 알면 재앙과 실패가 줄어들며,
음식에 절제를 알면 질병이 줄어든다.

語言知節, 則愆尤少;
擧動知節, 則悔吝少;
愛慕知節, 則營求少;
歡樂知節, 則禍敗少;
飲食知節, 則疾病少.

【節】 절제함. 줄임.《周易》未濟에 "飲酒濡首, 亦不知節也"라 함.
【愆尤(건우)】 허물과 탓. 죄. 과실. 東漢 張衡의 〈東京賦〉에 "卒無補於風規, 祇以昭其愆尤"라 함.

【悔吝】후회함. 혹 재앙이라는 뜻도 있음.《周易》繫辭(上)에 "悔吝者, 憂虞
之象也"라 함.
【營求】경영하여 추구함. 모책을 세워 어떤 일을 찾아 실시함.

참고 및 관련 자료

1. 〈原注〉
○ 王龍圖食物至精細, 食不盡一器, 年八旬, 頤頰白膩如少年. 嘗語人云:「食取
補氣, 不飢卽已, 飽則生衆疾, 至用藥物消化, 尤傷和也.」

231(3-139)
말조심과 음식조절

사람은 말이라는 것이 족히 나의 덕을 밝게 드러낸다는 것만 알았지,
말을 조심하는 것이 내 덕을 기른다는 것은 알지 못하고 있다.

사람들은 음식이 족히 내 몸을 보양한다는 것만 알았지,
음식을 조절하는 것이 내 몸을 길러준다는 것은 알지 못하고 있다.

人知言語足以彰吾德, 而不知愼言語乃所以養吾德;
人知飮食足以養吾身, 而不知節飮食乃所以養吾身.

【彰】현창함. 밝게 드러냄.

232(3-140)
여섯 가지 상황과 마음 단련

왁자지껄한 때에는 내 마음을 단련하고,
조용할 때는 내 마음을 수양하며,
앉았을 때는 내 마음을 지키고,
실행할 때는 내 마음을 시험하며,
말할 때는 내 마음을 살펴보고,
움직일 때는 내 마음을 절제하라.

鬧時煉心, 靜時養心,
坐時守心, 行時驗心,
言時省心, 動時制心.

【鬧時】 왁자지껄함. 많은 사람이 모여 시끄러운 때.
【煉心】 마음을 단련함.
【守心】 마음의 절조를 지킴.《左傳》昭公 28년에 "戊之爲人也, 遠不亡君, 近不
   偪同, 居利思義, 在約思純, 有守心而無淫行"이라 함.
【省心】 마음을 살펴봄. 반성함.《論語》學而篇에 "曾子曰:「吾日三省吾身:
   爲人謀而不忠乎? 與朋友交而不信乎? 傳不習乎?」"라 함.

233(3-141)
영고성쇠

영고성쇠는 서로 의지하고 숨어 있는 것,
마음의 선악이 결국 화복의 문을 열어 결정해 줄 것인데,
자신의 새옹지마가 어떠냐고 이리저리 묻고 다닐 필요가 있으랴?

사람의 수요장단은 길고 짧기가 고르지 못한 것,
사지의 움직임이 저절로 장수와 요절을 만들어나가는 것이니,
오로지 사명신司命神만을 탓할 수는 없을 것 같도다.

榮枯倚伏, 寸田自開惠逆, 何須歷問塞翁;
修短參差, 四體自造彭殤, 似難專咎司命.

【榮枯】 식물이 무성할 때와 죽어 마를 때. 인생의 영화와 쇠락을 말함.
【倚伏】 그곳에 의탁하기도 하고 그것을 모체로 숨어 있기도 함.《老子》58장에
"禍兮福之所倚, 福兮禍之所伏"라 함.
【寸田】 마음을 말함. '一寸心田'의 줄인 말.
【惠逆】 혜택이 되기도 하고 역경이 되기도 함. 禍福과 같은 말.
【歷問】 이리저리 묻고 다님. 자신의 화복에 대하여 점쟁이나 남에게 묻고
다님을 말함.
【塞翁】 새옹지마의 줄인 말. 禍와 福은 서로 교차하여 서로가 물고 물리고
함.《淮南子》人間訓 참조. 여기서는 자신의 화복과 길흉을 묻고 다님을
말함.
【修短】 壽夭長短. 사람 수명의 길고 짧음.《漢書》谷永傳에 "加以功德有厚薄,
期質有修短, 時世有中季, 天道有盛衰"라 함.

【參差】'참치'로 읽으며 雙聲連綿語. 올망졸망하여 그 키나 크기가 일정치 않음.
《詩經》國風 關雎에 "關關雎鳩, 在河之洲. 窈窕淑女, 君子好逑. 參差荇菜, 左右
流之. 窈窕淑女, 寤寐求之. 求之不得, 寤寐思服. 悠哉悠哉, 輾轉反側"이라 함.

【四體】四肢.《論語》微子篇 참조. 여기서는 부지런히 사지를 움직여 장수할
수 있도록 해야 한다는 뜻.

【彭殤(팽상)】'彭'은 彭祖로 아주 장수한 사람이고 '殤'은 일찍 죽은 아이.
팽상은 장수와 단명을 뜻하는 말임.《莊子》齊物論에 "莫壽於殤子, 而彭祖
爲夭"라 함.《列仙傳》참조.

【專咎(전구)】오로지 그것만을 탓으로 삼음.

【司命】사람의 생사 장수 등 목숨을 관장하는 신. 원래는 별 이름임.《史記》
天官書 및《莊子》至樂篇,《搜神記》등을 참조할 것.

참고 및 관련 자료

1.《淮南子》人間訓

"夫禍福之轉而相生, 其變難見也. 近塞上之人, 有善術者, 馬無故亡而入胡.
人皆弔之, 其父曰:「此何遽不爲福乎?」居數月, 其馬將胡駿馬而歸. 人皆賀之,
其父曰:「此何遽不能爲禍乎?」家富良馬, 其子好騎, 墮而折其髀. 人皆弔之,
其父曰:「此何遽不爲福乎?」居一年, 胡人大入塞, 丁壯者引弦而戰, 近塞
之人, 死者十九. 此獨以跛之故, 父子相保. 故福之爲禍, 禍之爲福. 化不可極,
深不可測也."

2.《論語》微子篇

"子路從而後, 遇丈人, 以杖荷蓧. 子路問曰:「子見夫子乎?」丈人曰:「四體不
勤, 五穀不分. 孰爲夫子?」植其杖而芸."

3.《列仙傳》彭祖

"彭祖者, 殷大夫也. 姓籛名鏗, 帝顓頊之孫, 陸終氏之中子, 歷夏至殷末八百餘
歲. 常食桂芝, 善導引行氣. 歷陽有彭祖仙室, 前世禱請風雨莫不輒應. 常有兩
虎在祠左右, 祠訖, 地即有虎跡云. 後昇仙而去."

4.《史記》天官書

"斗魁戴匡六星曰文昌宮, 一曰上將, 二曰次將, 三曰貴相, 四曰司命, 五曰司中,
六曰司祿."

5.《莊子》至樂篇

"吾使司命復生子形, 爲子骨肉肌膚, 反子父母妻子閭里知識, 子欲之乎?"

6.《搜神記》등에 司命神이 인간의 수명을 바꾼 이야기가 많이 실려 있음.

234(3-142)
이수二豎와 삼팽三彭

욕심을 절제하여 이수二豎를 몰아내고,
몸을 수양하여 삼팽三彭을 굴복시켜라.

가난함도 편안히 여겨 오귀五鬼를 들어주고,
기틀의 교묘함을 멸식시켜 육적六賊을 막아라.

節欲以驅二豎, 修身以屈三彭,

安貧以聽五鬼, 息機以弭六賊.

【二豎(이수)】‘二竪’로도 표기하며 ‘病魔’의 다른 이름.《左傳》成公 10년을
볼 것.

【三彭】‘三尸神’. 도교에서 말하는 인체 내의 세 가지 귀신. 모두가 성씨가
彭氏라 함. 唐 張讀의《宣室志》(1)를 참조할 것.

【五鬼】五窮과 같음. 사람을 괴롭히는 다섯 가지 궁함. 唐 韓愈의〈送窮文〉
에서 처음 말한 것으로 ‘智窮’, ‘學窮’, ‘文窮’, ‘命窮’, ‘交窮’을 들고 있음.

【息機】기계를 사용하고자 하는 교묘한 마음을 滅息시켜 없앰.《楞嚴經》(6)에 "息機歸寂然, 諸幻成無性"이라 함.

【六賊】불교에서 말하는 여섯 가지 도적. 흔히 色, 聲, 香, 味, 觸, 法을 들고 있음. '六塵'이라고도 함. 이는 六根, 즉 안, 이. 비, 설, 신, 의에 의해 망진의 구렁텅이로 몰아넣어 善性眞諦를 해친다고 보았음.《楞嚴經》권4 참조.

참고 및 관련 자료

1. 〈原注〉
○ 一心爲主, 百病皆除.

2.《左傳》成公 10년
"晉侯夢大厲, 被髮及地, 搏膺而踊, 曰:「殺余孫, 不義. 余得請於帝矣!」壞大門 及寢門而入. 公懼, 入于室. 又壞戶. 公覺, 召桑田巫. 巫言如夢. 公曰:「何如?」 曰:「不食新矣.」公疾病, 求醫于秦. 秦伯使醫緩爲之. 未至, 公夢疾爲二豎子, 曰:「彼, 良醫也, 懼傷我, 焉逃之?」其一曰:「居肓之上, 膏之下, 若我何?」醫至, 曰:「疾不可爲也, 在肓之上, 膏之下, 攻之不可, 達之不及, 藥不至焉, 不可爲也.」 公曰:「良醫也.」厚爲之禮而歸之. 六月丙午, 晉侯欲麥, 使甸人獻麥, 饋人爲之. 召桑田巫, 示而殺之. 將食, 張, 如厠, 陷而卒. 小臣有晨夢負公以登天, 及日中, 負晉侯出諸厠, 遂以爲殉."

3. 唐 張讀의《宣室志》(1)
"夫彭者, 三尸之姓. 常居人身中, 伺察功罪, 每至庚申一, 籍於上帝. 故凡學仙者, 當先絶其三尸, 如是則神仙可得. 不然, 雖苦其心無補也."

4. 南宋 陸游〈病中數辱〉詩
"凡藥豈能驅二豎, 淸心幸足除三尸."

5. 唐 韓愈〈送窮文〉
"其一名曰智窮, 矯矯亢亢, 惡圓喜方, 羞爲姦欺, 不忍害傷; 其次名曰學窮, 傲數 與名, 摘抉杳微, 高挹群言, 執神之機; 又其次曰文窮, 不專一能, 怪怪奇奇, 不可時施, 秖以自嬉; 又其次曰命窮, 影與形殊, 面醜心妍, 利居衆後, 責在人先; 又其次曰交窮, 磨肌戛骨, 吐出心肝, 企足以待, 實我讎寃. 凡此五鬼, 謂吾五患."

235(3-143)
젊을 때 지은 병과 죄

노쇠한 뒤의 죄악은 모두가 한창 때 저지른 것이며,
늙어서 얻은 병은 모두가 장년 시절 불러온 것이다.

衰後罪孽, 都是盛時作的;
老來疾病, 都是壯年招的.

【罪孽】죄. 《詩經》小雅 十月之交에 "下民之孽, 匪降自天"이라 함.
【都】모두.
【是~的】"~한 것"의 표현. 백화어 표현법. 적은 "~것"의 뜻.

236(3-144)
주색

덕을 허물어뜨리는 일이 한 가지만은 아니지만,
술 취해 주정하게 되면 덕은 틀림없이 허물어지고 말 것이다.

몸을 해치는 일이 한 가지만은 아니지만,
색에 빠지면 몸은 틀림없이 상해를 입고 말 것이다.

敗德之事非一, 而酗酒者德必敗;
傷生之事非一, 而好色者生必傷.

【酗酒】'후주'로 읽으며 술에 취해 주정을 부리거나 흐트러진 모습을 보임.
【傷生】 생명을 손상함. 건강을 해침. 《莊子》讓王篇에 "君固愁身傷生以憂戚
　不得也"라 함.

1. 〈原注〉
○ 薛文淸云: 「酒色之類, 使人志氣昏耗, 傷生敗德, 莫此爲甚, 何樂之有? 惟心
淸欲寡, 則氣平體胖, 樂可知矣.」

237(3-145)
장수와 단명

나무에 뿌리가 있으면 무성하지만 뿌리가 상하면 말라죽고 만다.
물고기가 물을 만나면 살지만 물이 마르고 나면 죽고 만다.

등불에 기름이 있으면 밝지만 기름이 다하고 나면 꺼지고 만다.
　사람에게는 진정한 정기가 있으니 이를 잘 보존하면 장수하지만
이를 찔러 상하게 하면 요절하고 만다.

木有根則榮, 根壞則枯;

魚有水則活, 水涸則死;

燈有膏則明, 膏盡則滅.

人有眞精, 保之則壽, 戕之則殀.

【涸】 '학'으로 읽으며 작은 구덩이에 잠시 고였다가 마르는 물. 《莊子》
外物篇 참조. '涸轍鮒魚'의 고사와 같은 예를 말함.
【膏】 원래는 굳기름. 여기서는 등불을 밝히는 기름을 말함.
【眞精】 精氣.
【戕】 창이나 칼로 찔러 죽임. 상해를 입힘.
【殀】 '夭'와 같음. 요절함. 일찍 죽음.

참고 및 관련 자료

1. 〈原注〉
○ 冬至一陽生, 夏至一陰生, 其氣甚微, 如草木萌生, 易於傷伐. 倘犯色戒, 則
來年精神必疲憊. 故色欲不節, 四時皆傷人. 惟二至之前後半月, 尤必以絶欲爲
第一義也.

2. 《莊子》外物篇
"莊周家貧, 故往貸粟於監河侯. 監河侯曰:「諾. 我將得邑金, 將貸子三百金, 可乎?」
莊周忿然作色曰:「周昨來, 有中道而呼者. 周顧視車轍中, 有鮒魚焉. 周問之
曰:『鮒魚來! 子何爲者邪?』對曰:「我, 東海之波臣也. 君豈有斗升之水而活
我哉?』周曰:『諾. 我且南遊吳越之土, 激西江之水而迎子, 可乎?』鮒魚忿然
作色曰:『吾失我常與, 我无所處. 吾得斗升之水然活耳, 君乃言此, 曾不如早
索我於枯魚之肆!』」"

四. 돈품류敦品類

'돈敦'은 '돈독하다, 독실하다, 돈후하다'의 뜻이며, '품品'은 '인품, 성품, 덕품'의 의미이다.

품성이란 단련을 거쳐 완성되며 오로지 경건함과 긍정이 그 바탕이어야 하며 특히 부귀빈천의 처지에 따라 올바른 태도를 가질 것과 인간관계에서의 배려 등을 권유하고 있다.

모두 18조이다.

〈流民圖〉(明) 周臣 미국 하와이 호놀룰루 미술대학 소장

238(4-1)
시련과 단련

정금미옥精金美玉의 인품을 가지고자 한다면
이는 열화 속에 단련을 거쳐 나와야 하는 것이요,

게지흔천揭地掀天의 큰일과 공을 세우고자 한다면
모름지기 얇은 얼음 위를 통과해야 하는 법이다.

欲做精金美玉的人品, 定從烈火中鍛來;
思立揭地掀天的事功, 須向薄氷上履過.

【精金美玉】정제된 금이나 아름답게 조각한 옥. 아름다운 인품을 말함.
【鍛】鍛造하고 단련함.
【揭地掀天(게지흔천)】땅을 뒤집고 하늘을 뒤흔들 만큼의 대단한 일이나 업적.
【薄氷】아주 얇은 얼음.《詩經》小雅 小旻 참조.

참고 및 관련 자료

1.《菜根譚》(363)
"欲做精金美玉的人品, 定從烈火中鍛來, 思立掀天揭地的事功, 須向薄氷上履過."
2. 蘇軾〈答黃魯直書〉
"軾笑曰:「此人如精金美玉, 不卽人以人卽之, 將逃名以不可得.」"
3.《詩經》小雅 小旻
"戰戰兢兢, 如臨深淵, 如履薄氷."

239(4-2)
인품과 품격

사람은 인품이 중요한 것이니,
만약 한 점의 비열함이나 오점의 마음이 있다면
이는 하늘을 이고 땅에 설 수 없는 놈이다.

품격은 행동으로 주를 삼는 것이니,
만약 한 점의 부끄러운 일이라도 있다면
이는 태산북두와 같은 품격을 갖추었다 볼 수 없다.

人以品爲重, 若有一點卑汚之心, 便非頂天立地漢子;
品以行爲主, 若有一點愧怍之事, 卽非泰山北斗品格.

【品】 사람의 품덕, 품격, 품성.
【卑汚】 비열하고 더러움.
【漢子】 '놈', '녀석' '사나이.'
【愧怍】《孟子》盡心(上) 참조.
【泰山北斗】 태산과 북두. 우러러볼 대상으로 모든 존경을 받음을 상징함.

▶ 참고 및 관련 자료

1.《孟子》盡心(上)
"孟子曰:「君子有三樂, 而王天下不與存焉. 父母俱存, 兄弟無故, 一樂也. 仰不
愧於天, 俯不怍於人, 二樂也. 得天下英才而敎育之, 三樂也. 君子有三樂, 而王
天下不與存焉.」"

240(4-3)
치욕과 천박함

사람이 영화를 구하려 다툼에
그 구하는 단계에 나선 것만으로도,
이미 인간 세상에서의 치욕을 극대화한 것이다.

사람이 총애를 믿고 다툼에
그 믿을 대상에게 다가가는 것만으로도,
이미 인간 세상에서의 천박함을 극대화한 것이다.

人爭求榮, 就其求之之時, 已極人間之辱;
人爭恃寵, 就其恃之之時, 已極人間之賤.

【求之之時】 그것을 찾으려 나서는 그 때, 그 단계.
【極】 극대화함. 가장 심한 지경에 이른 것임.
【人間】 사람 사는 세상. 인간세상.
【恃寵】 권력자나 세력가의 총애를 믿고 날뜀.《左傳》定公 4년에 "無恃富,
無恃寵"이라 함.

참고 및 관련 자료

1.〈原注〉

○ 世之趨炎附勢者, 大都但知攀附權貴, 而其人之邪正不問焉. 及事敗後, 畢竟
同歸於盡, 眞爲可憐. 卽使幸而漏網, 而以一身名節之重, 不思流芳百世, 乃甘
受黨援之汚, 反致遺臭萬年哉!

○ 劉念臺云:「進取一路, 誠士人所不廢, 而得之不得曰有命. 人情若不看破, 奔走如狂, 妄開經竇, 呈身之巧, 有無所不至者. 幸而得之, 立身已敗, 萬事瓦解, 況求之而未必得乎? 眞枉做小人也.」

241(4-4)
장부와 비부

장부丈夫는 그 높은 목표를 단지 공명과 기개, 절의에 두며,
비부鄙夫의 뽐냄은 단지 복장과 일상생활에서의 멋에서 구하고 있다.

丈夫之高華, 只在於功名氣節;
鄙夫之炫耀, 但求諸服飾起居.

【高華】 높고 화려함. 높고 화려하다고 생각하는 목표.
【功名】 공적과 명성. 성공을 뜻함.《莊子》山木篇 참조.
【鄙夫(비부)】 비루한 사나이. 하찮은 사람. 鄙俗之人.《論語》子罕篇 참조.
【炫耀】 번쩍번쩍 빛이 남.
【求諸】 '이를 ~에서 찾음.'諸'는 '저'로 읽으며 '之於, 之乎'의 줄인 말.
【起居】 일상생활.

참고 및 관련 자료

1.〈原注〉
○《快書》云:「優人登場, 有爲唐明皇者, 下場便不肯與諸優同坐, 諸優皆笑之. 世之登仕版者, 時至則爲之, 此與逢場作戲, 亦復何異? 而盛修邊幅, 炫耀鄕里,日岸然肩輿於親故之門, 其不爲諸優所竊笑者, 幾希!」

○ 此擬未免近於刻, 但欲爲今世之縉紳先生痛下針砭, 不得不借此以發其深省, 其不省者, 尚復何言?

○ 呂新吾云:「中高第, 做美官, 欲得願足, 這不是了卻一生事, 只是作人不端, 或無過可稱, 而分毫無補於世, 則高第美官, 反以益吾之恥者也. 而世顧以此詫市井, 蓋棺有餘愧矣.」

○ 劉念臺云:「士人自初第以至崇階華膴, 同是穿衣, 同是喫飯, 何曾有半點異常人處? 只被閭巷一二愚鄙驚喜奉承, 此人不知不覺, 不能自主, 遂高抬起來, 究竟與自己身心上, 曾有一毫增益否? 何爲當頭一棒.」

○ 鄒東郭云:「問邑之貴, 則數高位者以對; 問邑之富, 則數積財者以對; 問邑之人物, 則數修德勵行, 濟世範俗者以對, 而富與貴不齒焉. 故肆志一時者, 爲軒鶴, 爲牢豕; 尚友千古者, 爲景星, 爲喬嶽.」

2.《莊子》山木篇

"削迹損勢, 不爲功名"이라 하였고, 成玄英의 疏에 "削除聖迹, 損棄權勢, 岂存情於功績, 以留意於名譽"라 함.

3.《論語》子罕篇

"子曰:「吾有知乎哉? 無知也. 有鄙夫問於我, 空空如也. 我叩其兩端而竭焉.」"

242(4-5)
남자와 대인

아첨으로 남에게 사랑받고자 하는 행동은,
남자라면 부첩婦妾의 도라 여겨 부끄럽게 생각한다.

본래 가진 모습을 꾸미지 않은 채,
대인은 어린아이의 순진한 마음을 잃지 않는다.

阿諛取容, 男子恥爲妾婦之道;

本眞不鑿, 大人不失赤子之心.

【取容】 용납을 받거나 사랑받기를 위해 애교나 아첨을 부림.《呂氏春秋》
似順에 "夫順令以取容者, 衆能之, 而況鐸歟?"라 함.

【妾婦之道】 첩이나 아내들이 할 일. 그들이 남편에게 사랑을 받기 위해 하는
일에 불과함. 장부로서 할 일이 아님.

【鑿】 파고 쪼아 조탁함. 수식함. 꾸밈.

【大人】 큰 학문을 하는 자. 품행이 고아하고 志趣가 원대한 학자.《周易》
乾卦 참조.

【赤子之心】 순결하고 본심 그대로인 마음. 막 태어난 아이 같은 마음.《孟子》
離婁(下)에 "大人者, 不失其赤子之心者也"라 함. 한편《尙書》康誥에 "若保
赤子, 惟民康乂"라 하였고, 孔穎達의 소에 "子生赤色, 故言赤子"라 함.

> 참고 및 관련 자료

1.《周易》乾卦
"夫大人者, 與天地合其德, 與日月合其明, 與四時合其序, 與鬼神合其吉凶."

2.《孟子》離婁(下)
"大人者, 不失其赤子之心者也."

243(4-6)
아랫사람 대하기

군자가 윗사람을 섬김에는
반드시 공경으로써 충성을 다하며,
아랫사람을 대할 때는
반드시 온화함으로써 겸손히 하느니라.

소인이 윗사람을 섬김에는
반드시 예쁜 꾸밈으로 아첨을 부리며,
아랫사람을 대할 때는
틀림없이 무시하는 것으로써 오만함을 부린다.

君子之事上也, 必忠以敬, 其接下也, 必謙以和;
小人之事上也, 必諂以媚, 其待下也, 必傲以忽.

【事上】 윗사람을 섬기고 받듦. 東漢 陳琳의 〈檄吳將校部曲文〉에 "事上謂之義,
親親謂之仁"이라 함.

참고 및 관련 자료

1. 〈原注〉
○ 小人刻刻在勢利上講求, 故無常心. 如此, 那得不爲君子所惡?
2. 《禮記》 表記
"君子之接如水, 小人之接如醴."

244(4-7)
훈련되지 않은 성공

벼슬길에 올라 훌륭한 관원이 되지 못했다면,
이는 벼슬길 나서기 전 집안에 있을 때 훌륭한 처사가 아니었기 때문이다.

평소 훌륭한 처사가 되지 못하였다면,
이는 처사가 되기 전 어린 시절 훌륭한 학생이 아니었기 때문이다.

立朝不是好舍人, 由居家不是好處士;
平素不是好處士, 由小時不是好學生.

【立朝】 조정에 나열하여 섬. 조정에서 벼슬함을 뜻함. 北宋 曾鞏의 〈乞出知
 潁州狀〉에 "伏念臣性行迂拙, 立朝無所阿附"라 함.
【舍人】 벼슬이름. 궁중의 잡사, 재무 등을 관장하는 업무를 함. 여기서는
 벼슬길에 오른 관원을 가리킴.
【居家】 벼슬길에 오르기 전 집안에서의 생활태도.
【處士】 재덕이 있으나 벼슬길에 나서지 않은 선비.

참고 및 관련 자료

1. 〈原注〉
○ 蒙童之教, 大有關係如此.

245(4-8)
신분에 걸맞게

수재秀才의 신분이 되면
마치 처녀처럼 조심하여 사람을 겁내거라.

이미 벼슬길에 들어섰으면
마치 며느리처럼 남을 잘 봉양하라.

은퇴하여 산림으로 돌아왔거든
마치 시어머니처럼 사람을 가르쳐라.

做秀才, 如處子, 要怕人;
旣入仕, 如媳婦, 要養人;
歸林下, 如阿婆, 要教人.

【秀才】 과거에 막 합격한 사람. 茂才라고도 함.
【處子】 처녀. 아직 시집을 가지 않은 여자로 모든 행동을 조심함.
【媳婦】 며느리. 현대 백화어.
【林下】 나이 들어 벼슬을 마치고 산림으로 들어가 은거하여 만년을 보냄.
【阿婆】 시어머니.

참고 및 관련 자료

1. 〈原注〉
○ 顔光衷云:「鄕紳, 國之望也. 家居而爲善, 加以感郡縣, 可以風州里, 可以

培後進, 其爲功化, 比士人百倍. 故能親賢揚善, 主持風俗, 其上也. 卽不然, 而正身率物, 恬靜自守, 其次也. 下此則求田問舍, 下此則欺弱暴寡, 風之薄也, 非所足道矣. 偶話云:『刀趁利, 爐趁熱.』此兩語誤人不淺. 夫刀利爐熱, 用之以幹許多好事, 此光陰誠不可錯過. 又'爭體面'三字, 最誤人. 今且以何者爲體面? 若枉道求官府, 辱身賤行, 此無體面之甚者也. 官府卽姑從我, 而心輕其爲人, 此無體面之隱者也. 得勢以豪鄕里, 而人陰指曰:『此翼虎, 不可犯耳.』尙得爲體面乎? 認得體面眞時, 便不爭體面, 而百美集矣.」

○ 呂東萊云:「士大夫喜言風俗不好, 不知風俗是誰做的. 身便是風俗, 不自去做, 如何會得好?」

○ 講風俗能就自己身上講起, 便有許多不肯苟且之意.

246(4-9)
빈천할 때와 부귀를 누릴 때

빈천할 때 눈에 부귀를 거들떠보지도 않았다면,
뒷날 뜻을 얻어도 틀림없이 교만하지 않게 될 것이다.

부귀를 누릴 때 의중에 빈천했던 시절을 잊지 않는다면,
하루아침에 퇴직을 당한다 해도 결코 남을 원망하는 마음을 갖지 않게
될 것이다.

貧賤時, 眼中不著富貴, 他日得志必不驕;
富貴時, 意中不忘貧賤, 一旦退休必不怨.

【不著】눈에 그러한 일을 거들떠보지도 않음.
【退休】물러나 쉼. 퇴직함.

247(4-10)
귀한 사람 앞에서

신분이 귀한 사람 앞에서 나의 천함을 말하지 말라.
그렇게 되면 상대가 나를 추천을 요구하는 자라 여기게 된다.

부유한 사람 앞에서 나의 가난함을 말하지 말라.
그렇게 되면 상대는 내가 그에게 불쌍히 여겨져 동정을 구한다고
여기게 된다.

貴人之前莫言賤, 彼將謂我求其薦;
富人之前莫言貧, 彼將謂我求其憐.

【求其薦】나를 귀한 자리로 추천해주기를 바람.
【求其憐】나를 불쌍히 여겨 동정해 주기를 바람.

248(4-11)
은혜의 빚

소인은 오로지 남으로부터 은혜를 입기만을 바라며,
은혜가 지나가면 즉시 잊어버린다.

군자는 남으로부터 은혜 받음을 크게 기대하지 않으나,
만약 은혜를 입었다면 반드시 보답을 한다.

小人專望受人恩, 恩過輒忘;
君子不輕受人恩, 受則必報.

【輒(첩)】 문득, 즉시, 곧바로.

249(4-12)
화和와 정正

여러 사람과 함께 할 때에는 화和로써 하되,
그 중 강의强毅하여 감히 빼앗을 수 없는 힘을 귀한 것으로 여기며,

자신을 바르게 가질 때에는 정正으로써 하되,
원만하고 통달하여 구속됨이 없는 권형을 귀한 것으로 여겨라.

處眾以和, 貴有强毅不可奪之力;
持己以正, 貴有圓通不可拘之權.

【强毅】'剛毅'와 같음. 강직하고 떳떳함.《論語》子路篇에 "子曰:「剛毅木訥
近仁.」"이라 함.
【不可奪】남이 빼앗을 수 없음.《論語》子罕篇 참조.
【圓通】둥글게 원만하여 통달함.
【權】權衡. 균형을 이루게 하는 저울대와 같은 것.《周易》繫辭(下)에 "井以
辯義, 巽行以權"이라 함.

참고 및 관련 자료

1.〈原注〉
○ 内剛不可屈, 而外能處之以和者, 所濟多矣.
○ 方正學云:「處俗而不忤者, 其和乎? 其弊也流而無立; 持身而不撓者, 其介乎?
其弊也厲而多過. 介以植其內, 和以應乎外, 則庶幾矣.」

2.《論語》子罕篇
"曾子曰:「可以託六尺之孤, 可以寄百里之命, 臨大節而不可奪也. 君子人與?
君子人也.」"

3.《論語》子罕篇
"子曰:「三軍可奪帥也, 匹夫不可奪志也.」"

250(4-13)
면전의 칭찬보다는

사람으로 하여금 면전에서 칭찬을 하도록 하는 것보다,
차라리 등 뒤에서 험담을 하지 않도록 함이 더 낫다.

사람으로 하여금 잠깐 만나 즐거움을 느끼도록 하는 것보다,
차라리 오랫동안 사귀어도 싫증이 나지 않는 것이 더 낫다.

使人有面前之譽, 不若使人無背後之毀;
使人有乍處之歡, 不若使人無久處之厭.

【背後之毀】등 뒤에서 험담을 함.
【乍處(사처)】잠깐 처하는 것. 아주 짧은 만남이나 거처. 처음 만나 잠깐
즐겁게 여김.

> 참고 및 관련 자료

1. 〈原注〉
○ 乍交不爲小人所悅, 久習不爲君子所厭, 乃可見品.

251(4-14)
구미호와 백설조

현혹스럽기가 마치 구미호九尾狐 같고,
교묘하기가 마치 백설조百舌鳥 같다면,
슬프다, 칠척七尺의 이 한 몸에 그러한 수치스러움이 있다니.

포악하기가 마치 삼족호三足虎 같고,
독하기가 마치 양두사兩頭蛇에 비길 만 하다면,
안타깝도다, 방촌方寸의 그대 심지心地를 허물어뜨리고 있으니.

媚若九尾狐, 巧如百舌鳥, 哀哉羞此七尺之軀;
暴同三足虎, 毒比兩頭蛇, 惜乎壞爾方寸之地.

【九尾狐】 꼬리가 아홉 개 달린 여우. 변화와 현혹을 일삼으며 간사함을 대신
하는 말. 《山海經》 南山經 참조.
【百舌鳥】 그 울음소리와 발음이 매우 다양한 새의 일종. 말만 많고 일에 아무런
도움이 되지 않음을 비유함. 《淮南子》 說山訓 참조. 에 "人有多言者, 猶百舌
之聲"이라 하였고, 高誘 주에 "百舌, 鳥名, 能易其舌效百鳥之聲, 故曰百舌也.
以喩人雖多言無益於事也"라 함.
【七尺】 사람의 육신을 말함.
【三足虎】 다리가 셋인 호랑이. 매우 흉악하며 포악한 범이라 함.
【兩頭蛇】 머리가 둘인 뱀. 그 독이 매우 심하여 이를 보기만 하여도 죽는다 함.
《列女傳》 仁智傳 孫叔敖母 참조.
【爾】 백화어 '你'와 같음. '너.'

【方寸】마음. 方寸之心의 줄인 말.《抱朴子》嘉遯에 "方寸之心, 制之在我, 不可放之於流遯也"라 함.

참고 및 관련 자료

1.《山海經》南山經
"靑丘之山, 有獸焉, 其狀如狐而九尾, 其音如嬰兒, 能食人, 食者不蠱."
2.《淮南子》說山訓
"人有多言者, 猶百舌之聲"이라 하였고, 高誘 주에 "百舌, 鳥名, 能易其舌效百鳥之聲, 故曰百舌也. 以喩人雖多言無益於事也"라 함.
3.《列女傳》仁智傳 孫叔敖母
"叔敖爲嬰兒之時, 出遊, 見兩頭蛇, 殺而埋之, 歸見其母而泣焉. 母問其故, 對曰:「吾聞見兩頭蛇者死, 今者出遊見之.」其母曰:「蛇今安在?」對曰:「吾恐他人復見之, 殺而埋之矣!」其母曰:「汝不死矣! 夫有陰德者, 陽報之, 德勝不祥, 仁除百禍. 天之處高而聽卑. 書不云乎:『皇天無親, 惟德是輔.』爾嘿矣! 必興於楚.」"

252(4-15)
목숨과 재물

도처에 허리 굽혀 아첨을 하니,
우습도다, 너의 머리가 어찌 하늘은 원수로 여기고 땅은 친구로 삼는가?

종일토록 모책을 짜고 있으니,
묻노라, 너의 마음은 어찌 목숨은 가벼이 여기고 재물은 중히 여기는가?

到處傴僂, 笑伊首何仇於天? 何親於地?

終朝籌算, 問爾心何輕於命? 何重於財?

【傴僂】 등을 굽혀 남에게 엎드림. 여기서는 권세에 아부하여 꼽추처럼 등이
굽어지는 사람을 말함.

【伊頭】 너의 머리. '伊'는 지시대명사 '너.' 爾와 같음.

【仇於天, 親於地】 머리를 땅에 조아리는 행동은 마치 하늘은 원수이니
피하고 땅은 친하니 가까이 하려는 것과 같음을 비유한 것.

【終朝】 종일과 같음. 새벽에 일어나 아침이 다 가도록 재물을 모으겠다고
고심함.

【籌算】 재물을 모으겠다고 주비(籌備)하고 이리저리 계산함.

참고 및 관련 자료

1. 〈原注〉
○ 楊升庵《詩話》云: 『生前枉費心千萬, 死後空持手一雙.』足以喚醒一世.

253(4-16)
재물을 탐내다가

부유한 집 아이는 벼슬을 구하느라 재물을 탕진하고,

탐관오리는 재물을 탐내다가 직위를 잃게 된다.

富兒因求宦傾貲, 汙吏以黷貨失職.

【傾貲(경자)】 재물을 모두 기울임. 망함.

【汙吏】 汚吏와 같음.

【黷貨(독화)】 재물을 위해 瀆職의 죄를 저지름. 재물로 인해 자신의 지위를 더럽힘. '黷'은 '瀆'과 같음.

참고 및 관련 자료

1. 〈原注〉

○ 初起於覬其所無, 卒至於喪其所有. 若各泯其貪心, 則何奪祿敗家·喪名失身之有!

254(4-17)
벽합璧合과 서향書香

친하던 형제가 분가하면서 벽합璧合이 참외 찢어지듯이 바뀌고,
사대부가 돈을 좋아하다가 서향書香이 동전 냄새로 바꾸는구나.

親兄弟析箸, 璧合翻作瓜分;

士大夫愛錢, 書香化爲銅臭.

【析箸】 젓가락을 나눔. 형제 사이 분가함을 뜻함.

【璧合】 구슬이 합하여 아름다운 관계를 이룸. 형제를 뜻함.

【瓜分】 참외가 부서지듯이 낱낱이 갈라지고 쪼개짐.

【書香】 책의 향기. 독서의 아름다운 풍기. 고대 책에 좀이 쓸지 않도록 책 사이에 향초를 넣어 학자의 서가나 가문을 흔히 '書香門第'라 불렀음.

【銅臭】 구리 냄새. 고대 구리로 동전을 만들어 그 동전에서 나는 냄새. 흔히 부정한 방법으로 돈을 모음을 말함. 漢 靈帝가 鴻都門을 열어놓고 공개적으로 官爵을 팔자 崔烈이라는 사람은 원래 冀州의 명사였으나 결국 5백만 전으로 관직을 사서 司徒의 지위에 올랐음. 이에 그가 아들 崔鈞에게 "아버지가 드디어 삼공의 지위에 올랐다. 그런데 밖에서 나의 평판이 어떻더냐?"라 묻자 아들이 "사람들이 아버지에게 구리 냄새가 난다고 혐오하더이다"(論者, 嫌其銅臭耳)라 함.《後漢書》崔駰傳 등 참조.

참고 및 관련 자료

1. 〈原注〉
○ 高忠憲公《家訓》云:「士大夫居間得財之醜, 不減於室女踰墻從人之羞. 流俗滔滔, 恬不爲怪者, 只是不曾立志要做人. 若要做人, 自知男女失節, 總是一般.」

2.《幼學瓊林》(893)
"崔烈以錢買官, 人皆惡其銅臭."

3.《十八史略》靈帝
"開西邸賣官, 各有賈. 崔烈以五百萬得司徒, 問其子:「以外議何如?」子曰:「人嫌其銅臭耳.」"

4.《後漢書》崔駰傳
"寔從兄烈, 有重名於北州, 歷位郡守·九卿. 靈帝時, 開鴻都門榜賣官爵, 公卿州郡下至黃綬各有差. 其富者則先入錢, 貧者到官而後倍輸, 或因常侍·阿保別自通達. 是時段熲·樊陵·張溫等雖有功勤名譽, 然皆先輸貨財而後登公位. 烈時因傅母入錢五百萬, 得爲司徒. 及拜日, 天子臨軒, 百僚畢會. 帝顧謂親倖者曰:「悔不小靳, 可至千萬.」程夫人於傍應曰:「崔公冀州名士, 豈肯買官? 賴我得是, 反不知姝邪!」烈於是聲譽衰減. 久之不自安, 從容問其子鈞曰:「吾居三公, 於議者何如?」鈞曰:「大人少有英稱, 歷位卿守, 論者不謂不當爲三公; 而今登其位, 天下失望.」烈曰:「何爲然也?」鈞曰:「論者嫌其銅臭.」烈怒, 舉杖擊之. 鈞時爲虎賁中郎將, 服武弁, 戴鶡尾, 狼狽而走. 烈罵曰:「死卒, 父檛而走. 孝乎?」鈞曰:「舜之事父, 小杖則受, 大杖則走, 非不孝也.」烈慙而止. 烈後拜太尉."

255(4-18)
사잠四箴

사대부라면 의당 자손을 위해 복을 지어야지,
자손으로부터 복을 얻고자 해서는 안 된다.
가정의 규범을 바르게 하는 것, 검박함을 숭상하는 것, 농사와 독서를
가르치는 것, 음덕을 쌓는 것, 이것이 바로 복을 짓는 것이다.
농토와 집을 넓히는 것, 예쁘고 도움을 받을 여자를 골라 혼인을
맺는 것, 공명을 팔고 다니는 것, 이것은 바로 복을 요구하는 것이다.
복을 짓는 일은 담담히 하면서도 장구하고,
복을 요구하는 것은 진하게 하면서 짧은 시간에 하는 것이다.

사대부라면 의당 세상의 삶에서 이름을 아껴야지,
세상에서 이름을 팔아서는 안 된다.
시서詩書를 독실히 읽는 것, 기절을 숭상하는 것, 주고받는 것을 신중
히 하는 것, 위의威儀를 조심스럽게 세우는 것, 이것이 바로 이름을 아끼
는 것이다.
과거 시험에 붙기를 경쟁하는 것, 권세가나 귀한 신분을 초청하는 것,
조작과 격렬함에 힘쓰는 것, 옳고 그름을 모르고 습관에 젖는 것, 이것이
바로 이름을 파는 것이다.
이름을 아끼는 것은 조용하며 아름답고,
이름을 파는 것은 조급하고 졸렬하다.

사대부라면 의당 집안을 위해 재물을 사용해야지,
집안을 위해 재물을 손상해서는 안 된다.
종족과 향당을 구제하는 것, 속수束脩를 널리 하는 것, 흉년에 구휼을
베푸는 것, 의로운 일에 도움을 주는 것, 이것이 바로 재물을 사용하는

것이다.

정원을 사치롭게 꾸미는 것, 노래와 춤으로 즐기는 것, 연회를 호사롭게 여는 것, 보배로운 완상품을 모으는 것, 이것이 바로 재물을 손상하는 것이다.

재물을 사용하는 것은 덜어도 다시 차지만,

재물을 손상시키는 것은 가득 채우면 엎어지게 마련이다.

사대부라면 의당 천하를 위해 몸을 길러야지,

천하를 위해 몸을 아껴서는 안 된다.

기욕을 덜어내는 것, 지나친 생각을 줄이는 것, 분노를 경계하는 것, 음식을 절제하는 것, 이것이 바로 몸을 기르는 것이다.

이해를 법인 양 여기는 것, 힘든 일과 원망 받을 일이라면 무조건 피하는 것, 집을 늘리기에 여념이 없는 것, 처자만을 지키려고 하는 것, 이것이 바로 자신의 몸을 아끼는 것이다.

몸을 잘 보양하는 것은 몸에 대하여 인색한 듯하나 중대한 일이요,

몸을 아끼는 것은 풍요로운 듯하나 세세한 부스러기일 뿐이다.

士大夫當爲子孫造福, 不爲子孫求福.

謹家規, 崇儉樸, 敎耕讀, 積陰德, 此造福也;

廣田宅, 結婣援, 爭什一, 鬻功名, 此求福也.

造福者澹而長, 求福者濃而短.

士大夫當爲此生惜名, 不當爲此生市名.

敦詩書, 尙氣節, 愼取與, 謹威儀, 此惜名也;

競標榜, 邀權貴, 務矯激, 習模稜, 此市名也.

惜名者靜而休, 市名者躁而拙.

士大夫當爲一家用財, 不當爲一家傷財.

濟宗黨, 廣束脩, 救荒歉, 助義舉, 此用財也;

靡苑囿, 敎歌舞, 奢燕會, 聚寶玩, 此傷財也.

用財者損而盈; 傷財者滿而覆.

士大夫當爲天下養身, 不當爲天下惜身.

省嗜欲, 減思慮, 戒忿怒, 節飲食, 此養身也;

規利害, 避勞怨, 營窟宅, 守妻子, 此惜身也.

養身者嗇而大, 惜身者豐而細.

【陰德】 남몰래 베푸는 덕행. 《列女傳》 仁智傳 孫叔敖母에 "叔敖爲嬰兒之時, 出遊, 見兩頭蛇, 殺而埋之, 歸見其母而泣焉. 母問其故, 對曰:「吾聞見兩頭蛇 者死, 今者出遊見之.」其母曰:「蛇今安在?」對曰:「吾恐他人復見之, 殺而埋 之矣!」其母曰:「汝不死矣! 夫有陰德者, 陽報之, 德勝不祥, 仁除百禍. 天之 處高而聽卑. 書不云乎:『皇天無親, 惟德是輔.』爾嘿矣! 必興於楚.」라 함.

【什一】 십 분의 일. 돈을 꾸어주고 그 이자를 받기 위해 가혹하게 구는 경우를 말함.

【鬻功名(육공명)】 공과 명예를 팔고 다님. 이 뒤에 "究竟非求而得"의 間注가 들어 있음.

【濃而短】 짙지만 그 기간이 짧음. 이 뒤에 "造福正所以求福, 不可不知"의 間注가 들어 있음.

【詩書】 성현의 좋은 말씀을 담은 고전.

【矯激】 진실을 비틀어 거짓으로 꾸미고 평온한 일을 사단을 만들어 격하게 함.

【模稜】 모범이 되는 것과 모가 난 것. 이러한 것을 구분하지 못하고 습관에 젖어 처리함. 이 뒤에 "辱身喪名莫不由此. 求名適所以壞名, 名豈可市哉!"의 간주가 들어 있음.

【宗黨】 종족과 향당. 성씨가 같은 친족과 성씨는 다르나 함께 마을을 이루어 사는 이웃들.

【束脩】훌륭한 선생님을 찾아다님을 말함. 束脩는 원래 처음 선생님을 정하고 배우러 갈 때 드리는 학비나 예물. 《論語》述而篇 참조.

【滿而覆】이 뒤에 "無論在己在人, 義所當用, 乃謂之義; 不當用, 乃爲之傷. 有財者可以鑒矣"의 間注가 들어 있음.

【此養身也】이 뒤에 "養其身以有爲也"의 간주가 들어 있음.

【勞怨】힘든 일이나 남에게 원망을 살 일.

【窟宅】집을 말함.

【守妻子】이 뒤에 "似乎愛惜此身, 却不知已置此身於無用. 直謂之不自愛也可"의 간주가 들어 있음.

【嗇而大】몸을 기르는 것은 인색한 것 같으나 실로 지극히 중대한 일임. 몸을 잘 보양하여 큰일에 쓰고자 하는 것이기 때문임.

【豐而細】細는 미세한 부스러기라는 뜻.

참고 및 관련 자료

1. 〈原注〉
○ 張同初先生卻金堂四箴.
○ 陳榕門先生云:「按四箴所云當爲者, 卽孟子所云求在我者也; 不當爲者, 卽孟子所云求在外者也. 迹雖近似, 義實相妨. 今一一臚列之, 互擧之, 是非公私, 顯然可見矣. 憶余爲諸生時, 於官齋屏幛間, 曾見此箴, 覺有怵於心, 而夫知其言之切而中也. 及閱歷仕途, 深嘗世故, 每見士大夫往往於此四者, 辨之不明, 遂致誤入歧途, 貽悔末路, 益服先輩格言, 切中世病, 足發深省, 而愧前此失於體認, 草草讀過也. 然則思齊內省, 爲所當爲, 不爲所不當爲. 願與世之君子共勉之!」

2. 이는 張同初 선생의 〈四箴〉임.

3. 《論語》述而篇
"子曰:「自行束脩以上, 吾未嘗無誨焉.」"라 하였고, 주에 "脩, 脯也. 十脡爲束. 古者相見, 必執贄以爲禮, 束脩其至薄者. 蓋人之有生, 同具此理, 故聖人之於人, 無不欲其入於善. 但不知來學, 則無往教之禮, 故苟以禮來, 則無不有以教之也"라 함.

五. 처사류處事類

　세상 살면서 사물에 대한 대처 방법과 기준을 주된 내용으로
하고 있다.

　일로 인한 괴로움, 일을 모책하고 수행해 나가는 과정에서의 온갖
난제들, 이러한 일을 바르게 처리하는 방법은 그 기본이 바로
욕심을 줄여야 하며 공명심을 덜어야 하며, 때를 기다릴 줄 알아야
하며, 천리天理가 그 잣대가 되어야 하되, 손해 보기를 쉽게 여겨야
한다는 것 등이다.

　모두 33조이다.

〈木屐徐步圖〉

256(5-1)
처리하기 어려운 일일수록

처리하기 어려운 일에 처했을 때는 그럴수록 더욱 관대하게 하고,
처리하기 어려운 사람을 대할 때는 그럴수록 더욱 후덕하게 하며,
지극히 급한 일에 처했을 때는 그럴수록 더욱 느리게 하고,
지극히 큰일에 처했을 때는 그럴수록 더욱 공평하게 하고,
의심스럽고 난처한 지경에 처했을 때는 그럴수록 더욱 아무 의도를
갖지 말고 대처하라.

處難處之事愈宜寬,

處難處之人愈宜厚,

處至急之事愈宜緩,

處至大之事愈宜平,

處疑難之際愈宜無意.

【愈】'그럴수록 더욱 ~하게 함.' '越'과 같음.
【平】공평하게 처리함.
【無意】어떤 의도를 거기에 두지 않음.

⬭ 참고 및 관련 자료 ⬬

1. 〈原注〉
○ 撼大摧堅, 要徐徐下手, 默默留意, 久久見功. 若攘臂竭力, 一犯手自家先敗.

○ 張子韶云:「天下之事, 有理有勢, 理得乘勢以行, 固屬快意; 勢若一時不能遽遂, 則又貴於徐徐應之. 惟如是, 而後爲明通; 惟如是, 而後能應事.」

○ 楊忠愍公云:「欲幹天下之事, 當思如何下手, 如何收煞; 事成如何結果, 不成落何名目. 死生雖計, 畢竟果不徒死否, 思之思之, 又重思之.」

○ 薛文淸公云:「事纔入手, 便當思其發脫.」

○ 又云:「應事最當熟思緩處, 熟思則得其情, 緩處則得其當.」

○ 呂新吾云:「事見到無不可時, 便斬截做, 不要留戀, 兒女子之情, 不足以語辦大事者也.」

○ 又云:「計天下大事, 只在要緊處一著, 留心用力, 別箇都顧不得. 此要緊一著, 又要看得明, 守得定, 方不失輕重之衡.」

○ 又云:「凡酌量天下大事, 全要簡融通周密, 憂深慮遠. 若粗心浮氣, 淺見薄識, 得其一方, 而固執以求勝, 以此圖久大之業, 爲治安計, 難矣.」

○ 又云:「處天下事, 前面常長出一分, 此之謂豫; 後面常餘出一分, 此之謂裕. 如此, 則事無不濟, 而心有餘樂. 若扣煞分數做去, 必有後悔.」

○ 又云:「做天下好事, 旣度德量力, 又審勢擇人. '專欲難成, 衆怒難犯', 此八字, 不獨妄動邪爲者宜愼, 雖以至公無私之心, 行正大光明之事, 亦須調劑人情, 發明事理, 俾大家信從, 然後動有成, 事可久. 蓋群情多闇於遠識, 小人不便於私己, 群起而壞之, 雖有良法, 胡成胡久?」

○ 又云:「天下事, 只怕認不眞. 若認得眞時, 更那管一國非之, 天下非之. 君子作事, 擧世懼且疑, 而彼確然爲之, 卒如所料者, 先見定也. 故要見事後功業, 休恤事前議論, 事成後, 衆情自貼. 卽萬一不成, 而我爲其所當爲也, 論不得成敗. 是非理也, 成敗勢也; 亦有勢不可爲, 而猶爲之者, 惟其理而已.」

257(5-2)
일이 없을 때

아무 일 없을 때 항상 이 마음을 살펴 관리하되,
조심조심 무슨 일이 있는 듯이 여겨라.

일이 있을 때는 도리어 이 마음을 내려놓아,
굳건히 넓은 마음으로 아무 일 없는 듯이 여겨라.

일이 없을 때 일이 있는 듯 예방하여야,
비로소 의외의 변화를 막을 수 있고,

일이 있을 때는 일이 없는 듯이 진정하여야,
바야흐로 현재 형세의 위험을 소멸시킬 수 있느니라.

無事時常照管此心, 兢兢然若有事;
有事時卻放下此心, 坦坦然若無事.
無事如有事提防, 纔可弭意外之變;
有事如無事鎭定, 方可消局中之危.

【照管】비춰보고 이를 관리함. 마음을 근신하여 조심함을 말함.
【兢兢然】조심하는 모습.《詩經》小雅 小旻에 "戰戰兢兢, 如臨深淵, 如履薄氷"
이라 함.
【放下】내려놓음. 마음을 넓게 가져 안정을 찾음.
【坦坦然】평탄하여 넓고 시원함. '坦蕩蕩'과 같음.《論語》述而篇에 "子曰:
「君子坦蕩蕩, 小人長戚戚.」"이라 함.
【堤防】들어올려 이를 막음.
【纔】백화어 '才'와 같음. '비로소, 겨우, 막, ~해야 겨우'등의 뜻.
【弭】막음. 그침.
【局中】현재 形局, 局勢.

258(5-3)
곧은 것과 비뚤어진 것

평상시에는 작은 일은 의당 큰일로 여겨 대응하라.

대체로 천도는 작은 것이 아니지만 눈앞에 두고 이를 관찰해보면 비뚤어진 것과 곧은 것이 함께 있다.

그러니 소홀히 하여 간편함만 취해서는 안 된다.

모름지기 비뚤고 곧음을 이치대로 잘 살피고 나서 대응해야 비로소 바르게 처리된다.

변고가 닥쳐왔을 때는 큰일을 처리하되 작은 일을 대하는 마음으로 처리하라.

대체로 사람의 일이란 비록 크다 해도 천리의 입장에서 보면 단지 한 개의 시비가 있을 뿐이다.

놀라고 황급하여 조치를 잘 못함이 없도록 하되 다만 이치의 시비에 근거하여야 바르게 처리된다.

當平常之日, 應小事宜以應大事之心應之.

蓋天理無小, 卽目前觀之,

便有一箇邪正, 不可忽慢苟簡,

須審理之邪正以應之, 方可.

及變故之來, 處大事宜以處小事之心處之.

蓋人事雖大, 自天理觀之,

只有一箇是非, 不可驚惶失措,
但憑理之是非以處之, 便得.

【應】 대응하다. 대처하다. 《莊子》齊物論에 "樞始得其環中, 以應無窮"이라 함.
【天理】 천도. 자연의 섭리. 혹 紀綱과 常理.
【邪正】 비뚤고 곧음. '邪'는 '斜'와 같음. 혹 사악함과 정직함.
【忽慢】 소홀하고 태만함.
【苟簡】 구차스럽게 간편함만 찾음. 거칠고 간략함. 《莊子》 天運에 "食於苟
　簡之田, 立於不貸之圃"라 함.
【驚惶】 놀라고 황급한 상황을 만남.

　　참고 및 관련 자료

1. 〈原注〉

○ 劉念臺〈應事說〉云:「事無大小, 皆有理在. 劈頭判箇是與非, 見得是處, 斷然
如此, 雖鬼神不避; 見得非處, 斷然不如此, 雖千駟萬鍾不回. 又於其中, 條分
縷析, 辯箇是中之非, 非中之是; 似是之非, 似非之是. 從此下手, 沛然不疑, 所以
動有成績. 又凡事有先著, 當圖難於易, 爲大於細. 有要著, 一著勝人千萬著,
失此不著, 滿盤敗局. 又有先後著, 如低棋以後著爲先著, 多是見小欲速之病.
又有了著, 恐事至八九分便放手, 終成決裂也. 蓋見得是非後, 又當計成敗. 如此,
方是有用學問. 學者遇事不能應, 總是此心受病處. 只有鍊心法, 更無鍊事法.
鍊心之法, 大要只是胸中無一事而已. 無一事, 乃能事事, 此是主靜工夫得力處.」
○ 又云:「多事不如少事, 省事不如無事.」

259(5-4)
급할수록

천천히 해도 될 일일수록 의당 급하게 처리하라.
민첩하게 하면 공적이 나타나리라.

급한 일일수록 의당 천천히 처리하라.
바삐 서두르면 흔히 일을 그르치고 만다.

緩事宜急幹, 敏則有功;
急事宜緩辨, 忙則多錯.

【辨】 처리함. '幹'과 같음.
【多錯】 흔히 착오를 일으킬 수 있음.

참고 및 관련 자료

1. 〈原注〉
○ 事有必不可已者, 便須早作. 日捱一日, 未必後日之能如今日也. 若營父母遠大
之事, 尤當喫緊.
○ 劉直齋云:「事屬道義方可做, 然卻須寬綽細膩, 眞實忍耐, 一一從頭至尾,
節次調停, 方克有濟. 否則悤忙疏漏, 必將虛矯急迫, 反害義矣.」

260(5-5)
반성할 줄 모르는 자

스스로 반성할 줄 모르는 자는,
자신 한 몸의 병폐도 알아내지 못한다.

번거로움을 참아내지 못하는 자는,
한 가지 일도 성취해낼 수 없다.

不自反者, 看不出一身病痛;
不耐煩者, 做不成一件事業.

【自反】 스스로 반성함. 스스로 되돌아 봄.
【看不出】 눈으로 확인해내지 못함. 백화어 용법.
【病痛】 병폐. 잘못.
【做不成】 만들어내지 못함. 역시 백화어 용법.

참고 및 관련 자료

1. 〈原注〉
○ 只一耐煩心, 天下何人不處得? 天下何事不了得?

261(5-6)
하루하루 꾸준히

하루하루 꾸준히 가고 있다면,
천만리 먼 길도 두려울 것이 없고,

언제나 쉬지 않고 해낸다면,
천만 가지 일도 두려워할 것이 없다.

日日行, 不怕千萬里;
常常做, 不怕千萬事.

【怕(파)】 겁내다. 두려워하다. "느린 것을 겁낼 것이 아니라 멈추어 섬을 걱정
하라"(不怕慢, 就怕站)라는 격언과 같음.
【做】 '作'과 같음.

참고 및 관련 자료

1. 〈原注〉
○ 陳榕門云:「數語中有不息·漸進二意.」

262(5-7)
포용과 인내

반드시 포용함이 있어야
덕이 이로써 커지는 것이요,

반드시 참음이 있어야
일이 이로써 성과를 얻게 되는 것이다.

必有容, 德乃大;
必有忍, 事乃濟.

【必有容】《尙書》君陳篇에 "有容, 德乃大"라 하였고, 孔安國 傳에 "有所包容,
　德乃爲大"라 함.
【必有忍】역시 《尙書》君陳篇에 "必有忍, 其乃有濟"라 하였고, 孔安國 傳에
　"爲人君長, 必有所含忍, 其乃有所成"이라 함.
【濟】성취해냄. 성공함. 성과를 얻어냄.

263(5-8)
버릴 것은 버려라

지나간 일은 버릴 수 있는 것이라면 버릴 수 있는 만큼 버려라.
현재의 일은 마칠 수 있는 것이라면 마칠 수 있는 만큼 마쳐라.
미래의 일은 줄일 수 있는 것이라면 줄일 수 있는 만큼 줄여라.

過去事, 丟得一節是一節;

現在事, 了得一節是一節;

未來事, 省得一節是一節.

【丟】 백화어에 흔히 쓰이며 '버리다. 폐기하다'의 뜻. 음은 '주(diū).'
【了】 '완료하다. 일을 완전히 끝내다'의 뜻.
【省】 '줄이다, 경감하다'의 뜻.

⎡ 참고 및 관련 자료 ⎤

1. 〈原注〉
○ 白香山詩云: 『我有一言君記取, 世間自取苦人多.』 今試問勞擾煩苦之人,
此事亦儘可已, 果屬萬不可已者乎? 當必恍然自悟矣.

264(5-9)
박복

억지로라도 안다고 하는 것이 무엇인지 모르는 것,
이것이 바로 큰 어리석음이다.

일이 없는 것을 근본으로 여긴다면서 공연히 일을 만들어내는 것,
이를 일러 박복하다 하는 것이다.

强不知以爲知, 此乃大愚;
本無事而生事, 是謂薄福.

【强】 힘들지만 억지로라도 그렇게 인정하거나 해냄.
【以爲知】 아는 것이 무엇인지에 대한 정의.《論語》爲政篇 참조.
【生事】 일을 만들어냄. 공연히 사단을 만들어냄.

참고 및 관련 자료

1.《論語》爲政篇
"子曰:「由! 誨女知之乎! 知之爲知之, 不知爲不知, 是知也.」"라 하였고, 朱熹의 주에 "子路好勇, 蓋有强其所不知以爲知者, 故夫子告之曰: 「我敎女以知之之道乎! 但所知者則以爲知, 所不知者則以爲不知.」 如此則雖或不能盡知, 而無自欺之蔽, 亦不害其爲知矣. 況由此而求之, 又有可知之理乎!"라 함.
2.《明心寶鑑》存心篇
"生事事生, 省事事省."

265(5-10)
한가함을 얻어라

일상생활에서 반드시 먼저 정성스레 근면하여야,
안으로 한가함을 얻을 수 있고,

범사에 알맞은 곳에서 그치기를 힘써 구해야,
그런 연후에 소요逍遙할 수 있다.

居處必先精勤, 內能閒暇;
凡事務求停妥, 然後逍遙.

【居處】일상생활을 말함.《論語》子路篇 참조.
【精勤】정성을 다해 부지런히 임함.《後漢書》馮勤傳에 "以圖議軍糧, 在事
精勤, 遂見親識"이라 함.
【務求】힘써서 추구함.
【停妥】타당한 정도에 이르면 그침. 明 李贄의 〈與友人〉에 "此非一兩年之力,
決難停妥, 是以未甘卽死也"라 함.
【逍遙】편안히 걱정 없이 이리저리 돌아다니며 쉬고 구경함.

참고 및 관련 자료

1. 〈原注〉
○ 呂新吾云:「世人通病, 先事體怠神昏, 臨事手忙脚亂, 卽事意散心安. 此事
之賊也, 不可不痛戒之.」

○ 凡事豫則立. 此五字極當理會.

2.《論語》子路篇

"樊遲問仁. 子曰:「居處恭, 執事敬, 與人忠. 雖之夷狄, 不可棄也.」"

3.《論語》陽貨篇

"宰我問:「三年之喪, 期已久矣. 君子三年不爲禮, 禮必壞; 三年不爲樂, 樂必崩. 舊穀旣沒, 新穀旣升, 鑽燧改火, 期可已矣」子曰:「食夫稻, 衣夫錦, 於女安乎?」曰:「安」「女安, 則爲之! 夫君子之居喪, 食旨不甘, 聞樂不樂, 居處不安, 故不爲也. 今女安, 則爲之!」宰我出. 子曰:「予之不仁也! 子生三年, 然後免於父母之懷. 夫三年之喪, 天下之通喪也, 予也有三年之愛於其父母乎?」"

266(5-11)
한가함과 부지런함

천하에 가장 받아 사용해야 할 글자 하나는 바로 '한(閒)'자이다.
그러나 이 '한'자는 부지런함(勤) 속에서 얻으려 해야 한다.

천하에 가장 좋은 점으로 여겨 찾아야 할 글자는 바로 '근(勤)'자이다.
그러나 이 '근'자는 한가함(閒) 속에서 얻어내려 하여야 한다.

天下最有受用, 是一「閒」字, 然「閒」字要從勤中得來;
天下最討便宜, 是一「勤」字, 然「勤」字要從閒中做出.

【受用】받아들여 이를 사용함.《朱子語類》(9) 참조.
【閒】'閑'과 같음. 한가함. 여유를 가짐.

【討】찾아내어 취함.
【便宜】좋은 점. 우세한 점. 뛰어난 점.

참고 및 관련 자료

1.〈原注〉
○ 若一懈怠, 諸事都廢; 方寸中定有許多牽掛, 何處討箇閒來?
○ 若一擾亂, 勤手卽錯; 一件事決費無數周折, 勤也濟不得事.
2.《朱子語類》(9)
"今只是要理會道理, 若理會得一分, 便有一分受用; 理會得二分, 便有二分受用."

267(5-12)
자신의 일과 남의 일

자신의 일을 할 때는 절실히 요구되는 것은 고집을 부려서도 안 되며,
일을 마구 변경해서도 안 되며,
자질구레하게 부스러기를 만들어서도 안 된다.

그러나 남을 대신하여 일을 할 때는 지극히 그의 고집도 참아내어야 하며,
그의 변경도 참아내어야 하며,
그의 자질구레한 번거로움도 참아주어야 한다.

自己做事, 切須不可迂滯, 不可反覆, 不可瑣碎;
代人做事, 極要耐得迂滯, 耐得反覆, 耐得瑣碎.

【切】절실히, 간절히.
【迂滯】우활하고 막힘. 고집을 부려 진척이 없음.
【反覆】이리저리 일을 뒤집거나 자신감이 없이 계획을 변경함.
【瑣碎】자질구레한 부스러기. 번거롭게 구는 것.

참고 및 관련 자료

1. 〈原注〉
○ 處事大忌急躁, 急躁則先自處不暇, 何暇治事?

268(5-13)
자신의 일처럼

남을 위해 일을 도모함에는 마치 자신의 일처럼 여기고,
그 뒤에도 이를 염려하여 잘 살펴주어야 한다.

자신을 위해 일을 도모함에는 남의 일처럼 여기고,
그런 뒤에는 이를 명확한 견해로 따져보아야 한다.

謀人事如己事, 而後慮之也審;
謀己事如人事, 而後見之也明.

【謀】도모함. 모책을 세움.

【審】깊이 헤아려 살펴줌.
【明】명석하게 분석하여 따져봄.

참고 및 관련 자료

1. 〈原注〉
○ 呂新吾云:「人只是怕當局, 當局者之十, 不足以當旁觀者之五. 智慮以得失而昏也, 膽氣以得失而奪也. 只沒了得失心, 則志氣舒展. 此心與旁觀者一般, 何事不濟!」
○ 陳榕門云:「恆言是非得失, 不知是非者公, 而得失者私也; 是非者理, 而得失者數也. 得失之心重, 則明者亦昏, 勇者亦怯矣!」

269(5-14)
공公과 명明

마음을 비운 자는 공公이 되며,
내 고집을 버린 자는 명明이 된다.

無心者公, 無我者明.

【無心】마음의 욕심을 버림. 마음을 비움.
【無我】자신만의 뜻을 고집하거나 의도를 가짐.

1. 〈原注〉
○ 當局之君子, 不知旁觀之衆人者, 以有心·有我故也.

270(5-15)
시비의 바깥

자신을 시비 밖에 둔 다음에야,
가히 그 시비의 옳음을 결정할 수 있고,

자신의 이해 밖에 둔 다음에야,
가히 이해의 변화를 관찰할 수 있다.

置其身於是非之外, 而後可以折是非之中;
置其身於利害之外, 而後可以觀利害之變.

【是非】 옳고 그름에 대한 논란.
【折】 판단함. 두 가지 사이를 잘라 판별함. 揚雄 《法言》 吾子에 "萬物紛錯
　則懸諸天, 衆言淆亂則折諸聖"이라 함.
【中】 맞음.

271(5-16)
당사자

일을 맡은 당사자라면,
마땅히 자신은 이해의 밖에 그 몸을 두어야 한다.

자신이 의견을 제시하는 자라면,
의당 이해의 가운데 처한 남의 위치를 가정해 보아야 한다.

任事者, 當置身利害之外;
建言者, 當設身利害之中.

【任事】 일을 직접 맡은 당사자.
【建言】 건의함. 말로 의견을 냄.
【設身】 자신이 남이라고 가설하여 생각함. 남의 위치를 이해함.

참고 및 관련 자료

1. 〈原注〉
○ 置身於外, 則無所顧忌; 設身其中, 則平易近人. 二語各極其妙.

272(5-17)
투偸와 난亂

아무 일이 없을 때는 '투偸'라는 글자를 경계하고,
일이 벌어졌을 때는 '난亂'이라는 글자를 경계하라.

無事時戒一「偸」字, 有事時戒一「亂」字.

【偸(투)】 偸閒함. 게으름. 시간이나 편안함을 훔침. 《孫臏兵法》에 "令數變, 衆偸, 可敗也"라 함.
【亂】 혼미함. 혼란함. 정리되지 아니한 상태.

1. 〈原注〉
○ 呂新吾云:「有涵養人, 心思極細. 雖應倉猝, 而胸中依然暇豫, 自無粗疏之病. 心粗便是學不濟處.」

273(5-18)
달권達權과 장려長慮

장차 일어날 일은 능히 막아내고,
지금 만난 일은 능히 구제하며,

이미 지난 일은 능히 만회하는 것,
이를 일러 달권達權이라 하며,
이를 일러 재능才能이라 한다.

아직 이르지 않은 일도 알아내고,
일이 시작되었을 때는 끝마무리를 생각하며,
일을 결정하였을 때는 변화를 알아내는 것,
이를 일러 장려長慮라 하고,
이를 일러 식견識見이라 한다.

將事而能弭, 遇事而能救, 旣事而能挽,
此之謂達觀, 此之謂才;
未事而知來, 始事而要終, 定事而知變,
此謂之長慮, 此謂之識.

【弭】 막아냄. 불식시킴. 없애버림.
【達權】 어떠한 일에 통달하여 그 균형을 잡음.《後漢書》崔駰傳에 "夫豈不
　美文武之道哉? 誠達權救敝之理也"라 함.
【要終】 끝맺음을 잘 하고자 함.
【長慮】 원대한 생각. 미래의 먼일까지 미리 염려하여 대처하는 능력.《管子》
　大匡에 "智者究理而長慮, 身得免焉"이라 함.

（ 참고 및 관련 자료 ）

1.〈原注〉
○ 陳榕門云:「如此講才, 方不是機巧一流; 如此講識, 方不是揣測一流.」

274(5-19)
내려놓을 수 있는 것

들어 올릴 수 있는 것은 내려놓을 수도 있다.
모책을 세울 수 있는 것은 완성해 낼 수 있다.
철저하게 간파할 수 있는 것은 쳐서 열어젖힐 수 있다.

提得起, 放得下;
算得到, 做得完;
看得破, 撤得開.

【得】백화어에 쓰이며 可能을 나타내는 부사.
【算】모책을 세워 계산해봄.
【破】끝까지 봄. 간파함.
【撤】치다. 때리다.

참고 및 관련 자료

1. 〈原注〉
○ 非大有識力人不能, 然亦要習學.

275(5-20)
채찍과 노

이미 실패한 일을 구제하고자 하는 자는,
마치 말을 몰아 가파른 절벽을 올라갈 때처럼,
가벼운 채찍 한 번도 치지 말아야 한다.

후세에 길이 남을 큰 공을 세우고자 하는 자는,
마치 센 물살을 거꾸로 배를 저어 올라갈 때처럼,
노젓기를 잠시라도 멈추어서는 안 된다.

救已敗之事者, 如馭臨崖之馬, 休輕策一鞭;
圖垂成之功者, 如挽上灘之舟, 莫少停一棹.

【已敗之事】이미 실패한 일.
【馭】御와 같음. 조종함. 다스림. 말 따위를 부림.
【休】부정명령어에 쓰이는 부사. '~하지 말라'의 뜻.
【輕策一鞭】가벼운 채찍 한 번. 말이 놀라 절벽에서 떨어질 것을 염려한 것.
【垂成之功】후세에 널리 늘어뜨릴 정도의 큰 공.
【挽】배 따위를 끎.
【上灘】세차게 흐르는 물을 거꾸로 배를 저어 올라감.
【棹】배를 젓는 노나 삿대.

276(5-21)
진실한 마음, 거짓된 마음

진실한 마음으로 남을 대하게 되면,
일이 비록 아직 성공하지는 못했다 해도,
뒷날 남들이 틀림없이 나의 진실한 마음을 알아주게 될 것이다.

그러나 거짓된 마음으로 일을 처리하게 되면,
남들이 한 때는 그 속임을 당할지 모르나,
뒷날 틀림없이 나의 거짓된 마음을 알아차리게 된다.

以眞實肝膽待人, 事雖未必成功, 日後人必見我之肝膽;
以詐僞心腸處事, 人卽一時受惑, 日後人必見我之心腸.

【肝膽】 속에 든 진정한 성의와 진심.
【心腸】 역시 속에 품은 마음.

277(5-22)
성심과 입지

천하에 교화시킬 수 없는 사람이란 없다.
다만 성심誠心이 이르지 않았기 때문일 뿐이다.

천하게 이루지 못할 일이란 없다.
다만 입지立志가 굳세지 못하기 때문일 뿐이다.

天下無不可化之人, 但恐誠心未至;
天下無不可爲之事, 只怕立志不堅.

【化】 교화시킴. 순화시킴. 변화시킴.
【恐, 怕】 '아마 ~일 것이다.'부정을 예상할 때 쓰는 말.

> **참고 및 관련 자료**

1. 〈原注〉
○ 湯潛庵云:「天下之事有眞事, 須天下之人有眞心. 無眞心而做眞事, 必不可得
之數也.」

278(5-23)
제 뜻만 고집하지 말라

남과 어울리면서 자신의 뜻대로 해서는 안 된다.
남의 사정을 헤아려야 한다.

남과 어울리면서 자신의 의견대로 고집해서는 안 된다.
일의 이치를 밝히 알아야 한다.

處人不可任己意, 要悉人之情;
處人不可任己見, 要悉事之理.

【處人】남과 함께 어울려 사회생활을 함.
【要悉】실정을 낱낱이 살펴 이해함.

참고 및 관련 자료

1. 〈原注〉
○ 陳榕門云:「悉人之情, 則於己方爲得理; 悉事之理, 則於事方克有濟. 不是
漫無主見, 終日向人覓生活也.」

279(5-24)
이명심공理明心公

일을 알아차리는 데는 이치에 맞게 밝게 밝혀내는 것이 귀한 것이요,
일을 처리함에는 마음을 공평하게 가짐이 귀한 것이다.

見事貴乎理明, 處事貴乎心公.

【見事】일의 형세나 변화, 내용 등을 알아차림. 《史記》范雎蔡澤列傳에 "吾
  聞穰侯智士也, 其見事遲"라 함.
【理明】이치에 따라 명백히 밝혀냄.

참고 및 관련 자료

1. 〈原注〉
○ 理不明, 則不能辨別是非; 心不公, 則不能裁度可否. 惟理明心公, 則於事
無所疑惑, 而處得其當也.

280(5-25)
헛된 문장

하늘의 도리를 알아보기에 급급한 자라면
사람의 욕심에는 틀림없이 담담할 것이다.

사사로운 이익에 호시탐탐하는 자는
공무에 틀림없이 소홀할 것이다.

헛된 문장에 광채를 내는 사람은
본질에는 틀림없이 천박할 것이다.

於天理汲汲者, 於人欲必淡;

於私事耽眈者, 於公務必疏;

於虛文熠熠者, 於本實必薄.

【汲汲】 어떠한 일에 연연하여 매달림. 陶淵明 〈五柳先生傳〉 및 《莊子》
 天地篇 참조.
【眈眈】 어떤 일을 주시하면서 기회나 이익을 노림. 《周易》頤卦 참조.
【虛文】 허황된 문장.
【熠熠】 광채가 나는 모습.

1. 陶淵明〈五柳先生傳〉

"黔婁之妻有言:「不戚戚於貧賤, 不汲汲於富貴.」"

2.《莊子》天地篇

"厲之人, 夜半生其子, 遽取火而視之, 汲汲然唯恐其似己也."

3.《周易》頤卦

"虎視耽耽, 其欲逐逐."

281(5-26)
진짜 소인, 진짜 군자

군자가 일을 맡으면 소인들이 모두 그 감화를 받아 군자가 된다.
이러한 위치에 이르렀으면서 군자노릇을 못한다면
그러한 자는 진짜 소인이다.

소인이 일을 맡으면 중인들은 모두가 소인으로 변하고 만다.
이러한 위치에 있으면서 소인이 되지 못한다면
그러한 자는 진짜 군자이다.

君子當事, 則小人皆爲君子, 至此不爲君子, 眞小人也;
小人當事, 則中人皆爲小人, 至此不爲小人, 眞君子也.

【當事】일을 담당함. 군자로서 소인을 감화시키는 일에 종사함.

【小人】인격이 비루한 사람. 《尙書》大禹謨에 "君子在野, 小人在位"라 함.

【中人】군자와 소인의 중간. 《論語》雍也篇에 "中人以上, 可以語上也; 中人
以下, 不可以語上也"라 함.

282(5-27)
풍속과 대체大體

관직에 처해서는 먼저 백성의 풍속을 돈후하게 할 것이요,
일을 처리함에는 우선 먼저 대체大體가 무엇인지를 찾아내어야 한다.

居官先厚民風, 處事先求大體.

【居官】관직에 올라 있음.

【大體】가장 중요한 樞機. 기틀. 天理.

283(5-28)
사람을 논할 때

사람을 논할 때는 의당 그의 장점을 취하며,
그 단점은 관용을 베풀어 이해해 주어야 한다.

일을 할 때는 반드시 먼저 불리할 수 있는 점을 살펴,
그 이익이 되도록 기다려 계획을 세워야 한다.

論人當節取其長, 曲諒其短;
做事必先審其害, 候計其利.

【節取】 그 잘하는 부분을 취함. 장점을 취함.《左傳》僖公 33년에 "詩曰采葑
采菲, 無以下體. 君節取焉可也"라 하였고, 杜預의 주에 "葑菲之菜, 上善下惡,
食之者不以其惡而棄其善, 言可取其善節"이라 함.
【曲諒】 간곡한 심정으로 이해해 줌.
【候】 기다림. 살핌.

284(5-29)
이익과 의義

소인의 일 처리는 이익과 합한 것을 이익으로 여기며,
이익에 상반된 것은 해로운 것으로 여긴다.

군자의 일 처리는 의義와 합한 것을 이익으로 여기며,
의에 위배된 것을 해로운 것으로 여긴다.

小人處事, 於利合者爲利, 於利背者爲害;
君子處事, 於義合者爲利, 於義背者爲害.

【處事】 일을 처리함.
【背者】 상반됨. 위배됨.

참고 및 관련 자료

1. 〈原注〉

○ 劉念臺云:「學莫先於義利之辨, 義利兩者, 正人禽分途處也. 義也者, 天下之
公也; 利也者, 一己之私也. 人纔爲一己起見, 便生出許多占便宜心, 於凡辭受·
取與·出處·死生之際, 總無是處. 利, 利也, 名亦利也, 如以利, 道德事功皆利也.
爲人子者, 有所利焉而爲孝, 其孝必不眞; 爲人臣者, 有所利焉而爲忠, 其忠必
不至. 充其類, 便是弑父與君. 故曰:『差之毫釐, 謬以千里』, 喫緊在破除鄕原
窠臼, 鄕原正喩利之深者, 故聖人惡之. 吾儕學問, 只從念頭處討分曉, 見得義
當爲, 便必爲; 利不當爲, 便必不爲, 是辨之最明處.」

○ 凡作事, 第一念爲自己思量, 第二念便須替他人籌算. 若彼此兩益, 或於己有益, 於人無損, 皆可爲之; 若益於己者十之九, 損於人者十之一, 卽宜躊躇. 若人與己損益相半, 斷宜撒手. 況益全在己, 損全在人者乎? 若損己以益人, 尤爲上等君子.

285(5-30)
대사大事와 호사好事

단지 인정세고人情世故를 익숙하게 터득한다면
그 어떤 큰일인들 해내지 못할 것이 있겠는가?

다만 하늘의 이치와 인심을 합치시킨다면
그 어떤 좋은 일인들 해내지 못할 것이 있겠는가?

只人情世故熟了, 甚麼大事做不到?
只天理人心合了, 甚麼好事做不成?

【人情世故】 인지상정과 세상에 어울려 살아가는 연고. 南宋 文天祥의 〈送僧了敬序〉에 "姑與之委屈於人情世故之內"라 함.
【甚麼】 '什麼'와 같으며 백화어의 '어떤, 무엇'의 뜻임.
【人心】 세상 사람들의 욕구. 南宋 葉夢得의 《避暑錄話》(上卷)에 "所爲人心者, 喜怒哀樂之已發者也"라 함.

1. 〈原注〉
○ 陳榕門云:「此人情, 在公一邊看. 熟者, 體察而熟悉之, 不是揣摩世故, 曲徇人情.」

286(5-31)
일과 물건

단지 한 가지 일에 전념하지 않음으로 해서
곧 그 한 가지 일이 순리대로 되지 않는 것이요,

단지 한 가지 물건에 대하여 전념하지 않음으로 해서
곧 그 한 가지 물건이 제자리를 찾지 못하는 것이다.

只一事不留心, 便有一事不得其理;
只一物不留心, 便有一物不得其所.

【留心】 뜻을 둠. 하고자 함. 마음에 머물게 하여 잘 살핌.
【不得其所】 제 자리를 찾지 못함. 《穀梁傳》 成公 8년에 "媵, 淺事也, 不志. 此其志何也? 以伯姬之不得其所, 故盡其事也"라 하였고, 范寧의 주에 "不得其所, 謂災死也"라 함.

1. 〈原注〉
○ 心頭有一分檢點, 自有一分得處. 學者只事事留心, 一毫不苟, 其德業之進也,
如流水矣.
○ 遇事不可輕忽, 雖至微至細者, 皆當愼重處之. 及事將完, 越要加愼·加勤·
加寬.

287(5-32)
일 처리

일이 내 손에 떨어졌으면
급히 서둘지 말고 천천히 생각해보아라.

생각이 충분히 무르익었을 때라면
지지부진 끌지 말고 곧 서둘러 실행에 옮겨라.

事到手, 且莫急, 便要緩緩想;
想得時, 切莫緩, 便要急急行.

【到手】 내 손에까지 이르러옴. 직접 일을 처리해야 할 단계에 이름.
【便】 곧. 강조하는 문장에 쓰임.

1. 〈原注〉
○ 陳榕門云:「緩字是詳愼, 不是怠緩; 急字是果決, 不是急遽. 周公仰而思之,
夜以繼日; 幸而得之, 坐以待旦, 正是此意.」

288(5-33)
기회

일이란 기회와 인연이 있으니 나서지도 말고 뒤로 처지지도 말라.
그래야 기회를 잘 포착한 것이 된다.

운명이란 울퉁불퉁한 땅과 같아 이리저리 바삐 다녀봐야,
걸음마다 모두 허공을 밟고 다니는 셈이다.

事有機緣, 不先不後, 剛剛湊巧,
命若蹭蹬, 走來走去, 步步踏空.

【機緣】 기회와 인연.
【不先不後】 먼저 나서지도 않고 뒤로 처지지도 않음. 기회와 인연을 시의적
　절하게 잘 활용함.
【剛剛】 '마침 ～하다'의 백화어 표현법.
【湊巧】 공교함이 모두 모여듦. 기회를 아주 잘 포착함.

【蹭蹬】'층등'으로 읽으며 疊韻連綿語. '울퉁불퉁하여 걷기 힘들다'의 뜻으로
  곤액을 당하거나 실의에 빠졌음을 뜻함. 唐 杜甫의 〈秋晚〉 시에 "蹭蹬多
  拙爲, 安得不皓首?"라 함.
【走來走去】이리저리 왔다갔다함. 백화어 표현법. 분주히 돌아다님을 말함.
【踏空】허공을 밟음. 아무런 성취가 없음을 말함.

참고 및 관련 자료

1. 〈原注〉
○ 張夢復云:「子曰:『不知命, 無以爲君子.』 集注:『人不知命, 則見害必避,
見利必趨, 何以爲君子?』余少奉教於姚端恪公, 服膺斯語. 每遇疑難躊躇之事,
輒依據此言, 稍有把握. 古人言『居易以俟命』, 又言『行法以俟命』. 人生禍福榮
辱得喪, 自有一定命數, 確不可移. 審此, 則害宜避, 而有不能避之害; 利可趨,
而有不必趨之利. 利, 害之見旣除, 而爲君子之道始出. 此'爲'字甚有力, 旣知
利害有一定, 則落得做好人也. 權勢之人, 豈必與之相抗以取害? 到難於相從處,
亦要內不失己, 果謙和以謝之, 宛轉以避之, 彼亦未必決能禍我. 卽禍我, 亦命
數宜然, 又安知委屈從彼之禍, 不更烈於此也? 使我爲州縣官, 決不用官銀以
媚上官, 安知用官銀之禍, 不更甚於上官之失歡也? 昔者米脂令邊君, 掘李賊之
祖墳. 賊破京師後, 獲邊君, 置軍中, 欲甘心焉. 挾至山西, 以三十人守之, 邊君
夜遁, 後復爲州守, 自著《虎吻餘生記》記之. 李賊殺人數十萬, 究不能殺一邊君,
死生有命, 甯不信然歟? 予官京師日久, 每見人之數應爲此官, 而其時本無此
一缺. 有人焉竭力經營, 幹辦停當, 而此人無端值之, 如此者不一而足. 此亦擧
世之人共知之, 而當局往往迷而不悟. 其中之求速反遲, 求得反失, 彼人爲此人
而謀, 此事因彼事而壞, 顚倒錯亂, 不可究詰. 人能將耳目聞見之事, 平日體察,
亦可消許多妄念也.」
○ 朱子云:「今人必要算到有利無害處, 天下事那裏被你算得盡?」

임동석(苗浦 林東錫)

慶北 榮州 上苗에서 출생. 忠北 丹陽 德尙골에서 성장. 丹陽初中 졸업. 京東高 서울
敎大 國際大 建國大 대학원 졸업. 雨田 辛鎬烈 선생에게 漢學 배움. 臺灣 國立臺灣師範
大學 國文硏究所(大學院) 博士班 졸업. 中華民國 國家文學博士(1983). 建國大學校
敎授. 文科大學長 역임. 成均館大 延世大 高麗大 外國語大 서울대 등 大學院 강의.
韓國中國言語學會 中國語文學硏究會 韓國中語中文學會 會長 역임. 저서에《朝鮮
譯學考》(中文)《中國學術槪論》《中韓對比語文論》. 편역서에《수레를 밀기 위해 내린
사람들》《栗谷先生詩文選》. 역서에《漢語音韻學講義》《廣開土王碑硏究》《東北
民族源流》《龍鳳文化源流》《論語心得》〈漢語雙聲疊韻硏究〉 등 학술 논문 50여 편.

임동석중국사상100

격언련벽 格言聯璧

金纓 撰 / 林東錫 譯註
1판 1쇄 발행/2010년 11월 11일
2쇄 발행/2015년 1월 10일
발행인 고정일
발행처 동서문화사
창업 1956. 12. 12. 등록 16-3799
서울강남구도산대로163(신사동,1층) ☎546-0331~6 (FAX)545-0331
www.dongsuhbook.com
잘못 만들어진 책은 바꾸어 드립니다.

＊

＊
사업자등록번호 211-87-75330
ISBN 978-89-497-0635-1 04080
ISBN 978-89-497-0542-2 (세트)